一箭封神

斯蒂芬·库里传

STEPHEN CURRY

冯逸明 / 主编

台海出版社

图书在版编目（CIP）数据

一箭封神：斯蒂芬·库里传 / 冯逸明主编 . --
北京：台海出版社，2022.10（2024.3 重印）
ISBN 978-7-5168-3410-7

Ⅰ . ①一… Ⅱ . ①冯… Ⅲ . ①斯蒂芬·库里—传记
Ⅳ . ① K837.125.47

中国版本图书馆 CIP 数据核字（2022）第 189011 号

一箭封神：斯蒂芬·库里传

主　　编：冯逸明

出 版 人：蔡 旭　　　　　　　　　封面设计：冯逸明　　牛　涛
责任编辑：员晓博

出版发行：台海出版社
地　　址：北京市东城区景山东街 20 号　邮政编码：100009
电　　话：010-64041652（发行，邮购）
传　　真：010-84045799（总编室）
网　　址：www.taimeng.org.cn/thcbs/default.htm
E — mail：thcbs@126.com

经　　销：全国各地新华书店
印　　刷：朗翔印刷（天津）有限公司
本书如有破损、缺页、装订错误，请与本社联系调换

开　　本：710 毫米 ×1000 毫米　　1/16
字　　数：248 千字　　　　　　　　印　　张：14
版　　次：2022 年 10 月第 1 版　　　印　　次：2024 年 3 月第 5 次印刷
书　　号：ISBN 978-7-5168-3410-7

定　　价：59.00 元

四冠加冕，萌神归位，
魔戒在手，一箭封神。

四冠加冕，萌神归位，
魔戒在手，一箭封神。

斯蒂芬·库里 2022 年总冠军 & 戒指颁奖札记

　　库里在 2021/2022 赛季加冕历史三分王，将全明星、西部决赛、总决赛 MVP 集于一身，率领勇士在总决赛上以 4 比 2 击败凯尔特人，夺得总冠军。自此，勇士囊括了 2015 年、2017 年、2018 年与 2022 年的总冠军，完成八年四冠的壮举。

　　2022 年总决赛 MVP，非库里莫属！他在六场总决赛上场均轰下 31.2 分，贡献 5.8 个篮板、5.0 次助攻、1.8 次抢断，真实命中率高达 63%，三分球命中率高达 43.7%。净效率值高达 +8.7，成为近 4 年总决赛 MVP 中净效率值最高的一位。

　　2022/2023 赛季揭幕战之前，库里在总冠军戒指颁奖礼戴上了第四枚戒指。这枚戒指使用了 7 克拉珍贵的黄钻石，象征着勇士第七冠。戒面镶嵌着海湾大桥与 30 号的图案，旋开戒面的"旋转门"，内藏玄机，里面是金光灿灿的四座总冠军奖杯。

　　库里领取戒指之后，独得 33 分、7 次助攻、4 次抢断，率领勇士在大通中心以 123 比 109 战胜湖人，取得赛季"开门红"。作为上届总冠军，勇士卫冕之路绝非坦途，他们遇到联盟诸强顽强阻击，一度惨遭客场六连败。当球队陷入低迷之际，库里用连续两场（47 分 +40 分）的得分狂飙，以一己之力将勇士拉回正轨。

　　新赛季库里表现依旧强劲，场均能砍下 32.8 分，命中 5 记三分球。

　　只要库里还是那位无所不能的"萌神"，勇士就还是冠军级别的球队。希望库里能率领金州军团在 2022/2023 赛季再次重现上一季的传奇。

勇士 2022 季后赛＆总决赛战绩表

日期	对阵双方	比分	胜负
西部首轮			
4月17日	勇士对阵掘金	123 比 107	胜
4月19日	勇士对阵掘金	126 比 106	胜
4月22日	勇士对阵掘金	118 比 113	胜
4月25日	勇士对阵掘金	121 比 126	负
4月28日	勇士对阵掘金	102 比 98	胜
西部半决赛			
5月2日	勇士对阵灰熊	117 比 116	胜
5月4日	勇士对阵灰熊	101 比 106	负
5月8日	勇士对阵灰熊	142 比 112	胜
5月10日	勇士对阵灰熊	101 比 98	胜
5月12日	勇士对阵灰熊	95 比 134	负
5月14日	勇士对阵灰熊	110 比 96	胜
西部决赛			
5月19日	勇士对阵独行侠	112 比 87	胜
5月21日	勇士对阵独行侠	126 比 117	胜
5月23日	勇士对阵独行侠	109 比 100	胜
5月25日	勇士对阵独行侠	109 比 119	负
5月27日	勇士对阵独行侠	120 比 110	胜
总决赛			
6月3日	勇士对阵凯尔特人	108 比 120	负
6月6日	勇士对阵凯尔特人	107 比 88	胜
6月9日	勇士对阵凯尔特人	100 比 116	负
6月11日	勇士对阵凯尔特人	107 比 97	胜
6月14日	勇士对阵凯尔特人	104 比 94	胜
6月17日	勇士对阵凯尔特人	103 比 90	胜

4-2

2022 年 6 月 17 日，NBA 总决赛第六场，勇士以 103 比 90 击败凯尔特人，以总比分 4 比 2 战胜对手，夺得总冠军。

勇士7冠年表

冠军数	年份	比分
第1冠	1947年	费城勇士4比1芝加哥牡鹿
第2冠	1956年	费城勇士4比1福特韦恩活塞
第3冠	1975年	费城勇士4比0华盛顿子弹
第4冠	2015年	金州勇士4比2克利夫兰骑士
第5冠	2017年	金州勇士4比1克利夫兰骑士
第6冠	2018年	金州勇士4比0克利夫兰骑士
第7冠	2022年	金州勇士4比2波士顿凯尔特人

七 届 总 冠 军

7

GOLDEN STATE WARRIORS

2022 年 6 月 17 日，勇士以总比分 4 比 2 战胜凯尔特人，捧起队史的第七座 NBA 总冠军奖杯。

早在费城时期，勇士就于 1947 年、1956 年两次夺冠。1962 年勇士由费城迁到旧金山。1975 年，里克·巴里率领勇士再夺总冠军。2015 年，库里率领勇士时隔 40 年重夺总冠军，从此开启 8 年 4 冠的金州时代。

自此，勇士共获得 7 届总冠军，超越公牛（6 冠），仅少于湖人与凯尔特人（17 冠），成为 NBA 夺冠第三多的球队。

1 2015
NBA CHAMPIONSHIP

2 2017
NBA CHAMPIONSHIP

3 2018
NBA CHAMPIONSHIP

4

2022
NBA CHAMPIONSHIP
四夺总冠军

四届总冠军战绩表

年份	总冠军	比分	对手
2015	勇士	4 比 2	骑士
2017	勇士	4 比 1	骑士
2018	勇士	4 比 0	骑士
2022	勇士	4 比 2	凯尔特人

四届总冠军
一届总决赛 MVP
一届西部决赛 MVP
两届常规赛 MVP
一届全明星 MVP
两届世锦赛冠军
两届得分王
NBA 75 大球星

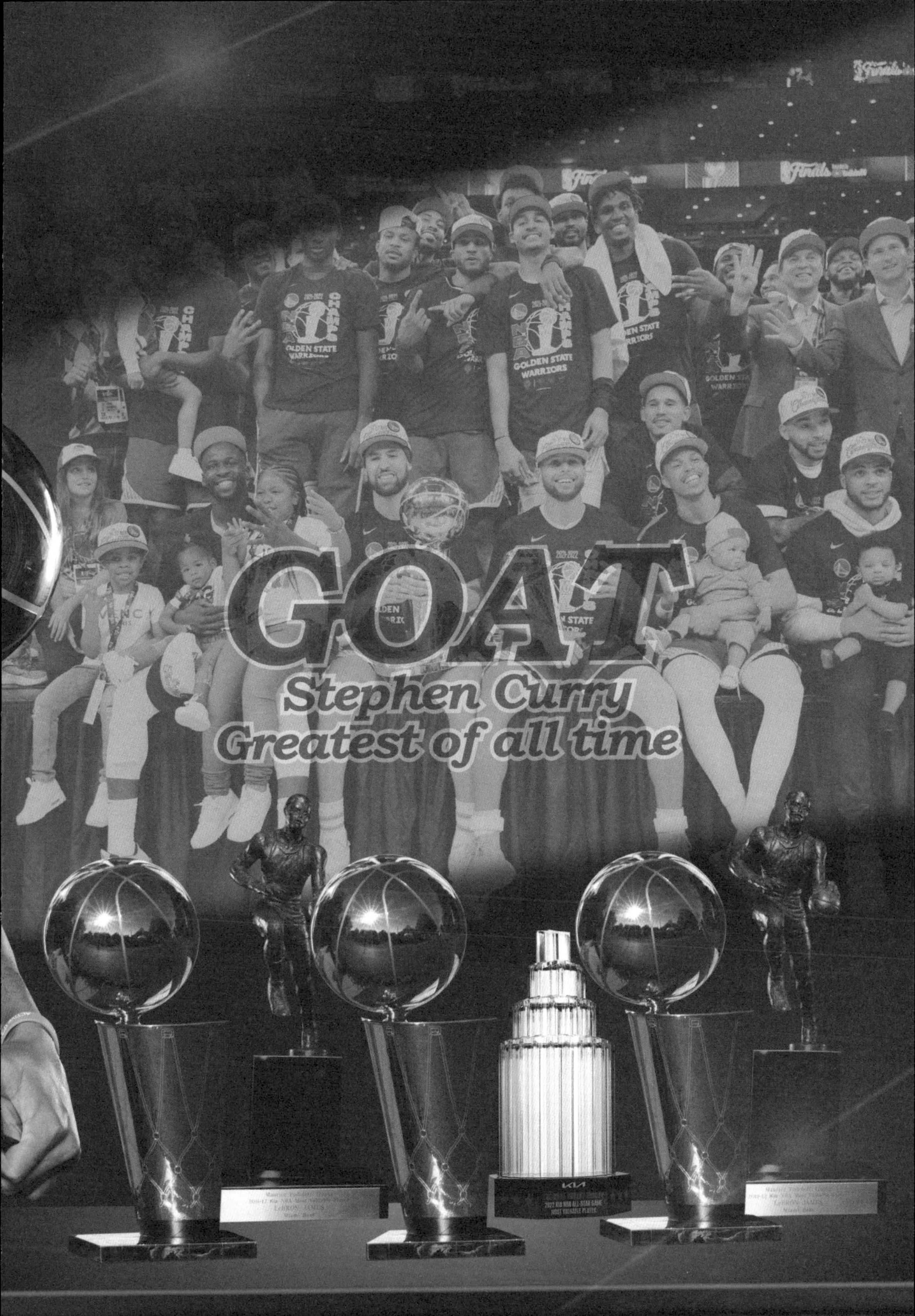
GOAT
Stephen Curry
Greatest of all time

晚安礼
Stenphen Curry

　　2022 年 6 月 21 日，勇士 2022 年总冠军庆典在旧金山举行，相比在奥克兰的前三冠庆典，这次庆典更加隆重与热烈。库里手拥总决赛 MVP 奖杯，再次做出"晚安礼"。今年季后赛，库里曾屡次做出"晚安礼"动作，送对手回家。伴随着勇士夺冠，"晚安礼"也成为库里封神年的招牌动作。

库里总决赛场均数据表

年份	球队	得分	篮板	助攻
2022	勇士	31.2	5.8	5.0

全票总决赛最有价值球员

FMVP

Stenphen Curry

2022 年总决赛，库里面对联盟顶级防守强队凯尔特人，场均砍下 31.2 分，贡献 5.8 个篮板、5.0 次助攻、1.8 次抢断的全面数据，真实命中率高达 63%，三分球命中率高达 43.7%，并一共投中 31 记三分球。率领勇士以总比分 4 比 2 淘汰对手，时隔四年再夺总冠军。库里凭借如此强劲的表现，征服了所有挑剔的评委，以全票当选总决赛 MVP。

1

历 史 三 分 王

2974
Stenphen Curry

2021 年 12 月 15 日，勇士客场挑战尼克斯。比赛第 7 分 33 秒，库里接威金斯的传球，面对尼克斯后卫伯克斯，在三分线右侧果断出手，命中自己在本场的第二记三分球。凭借这粒进球，库里生涯常规赛三分球命中总数达到 2974 记，超越雷·阿伦的 2973 记，加冕 NBA 历史三分王。

纽约麦迪逊广场花园球馆的球迷们有幸亲眼见证了这一伟大时刻，两位三分"大神"雷吉·米勒与雷·阿伦也亲临现场，与库里合影留念，并拥抱祝贺。

NBA历史单赛季常规赛3分球命中数TOP10

排名	赛季	球员	命中数
1	2015/2016	斯蒂芬·库里	402
2	2018/2019	詹姆斯·哈登	378
3	2018/2019	斯蒂芬·库里	354
4	2020/2021	斯蒂芬·库里	337
5	2016/2017	斯蒂芬·库里	324
6	2019/2020	詹姆斯·哈登	299
7	2018/2019	保罗·乔治	292
8	2014/2015	斯蒂芬·库里	286
9	2021/2022	斯蒂芬·库里	285
10	2020/2021	巴迪·希尔德	282

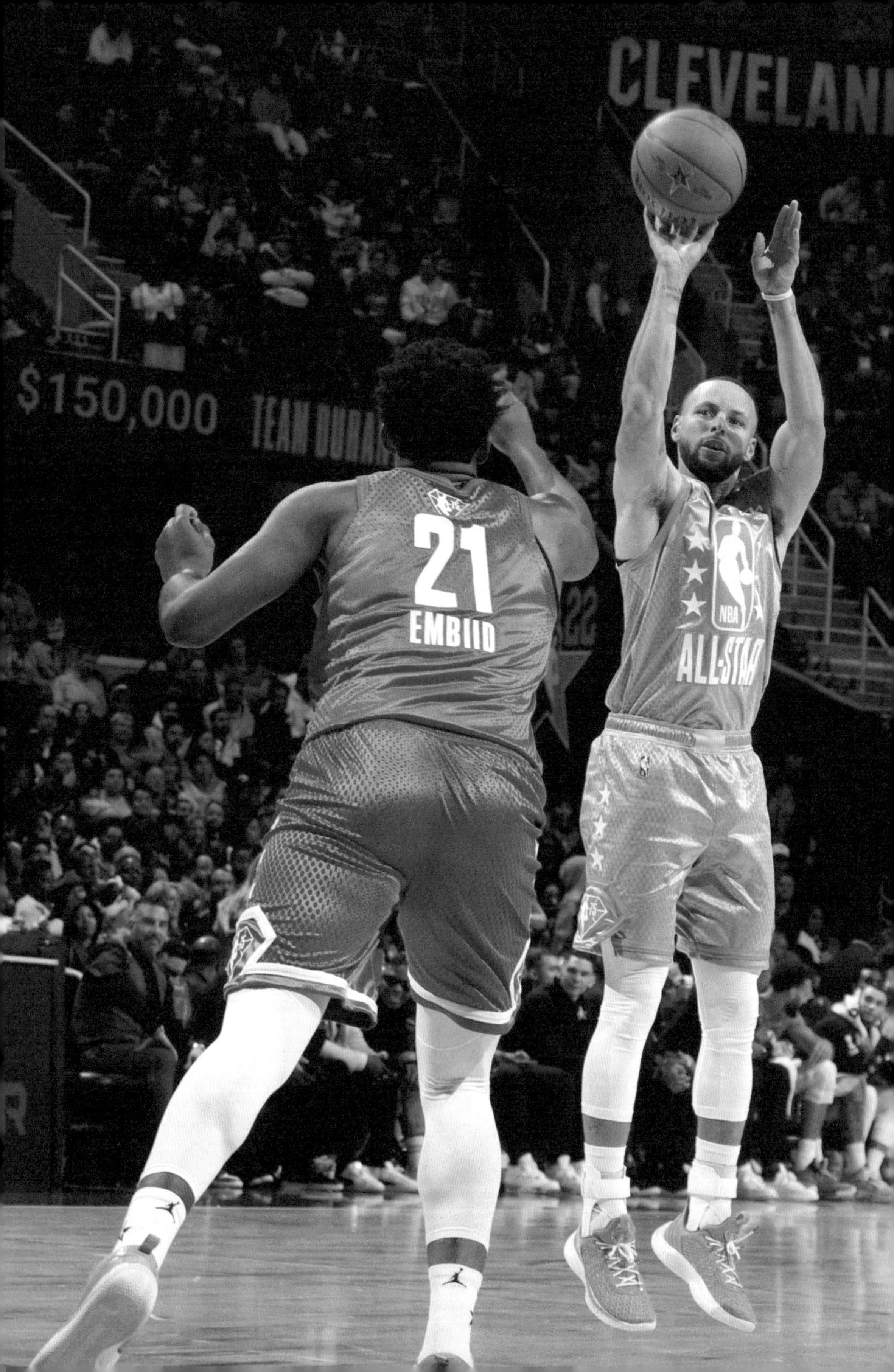
CLEVELAN
$150,000
21
EMBIID
NBA
ALL-STAR

16

全明星赛单场三分球命中数纪录

ALL STAR MVP
Stenphen Curry

2022 年 2 月 21 日，克利夫兰全明星正赛，库里在家乡父老的助威声中突破极限，全场狂砍 50 分，三分球 27 投 16 中，命中 16 记三分球，一举将保罗·乔治保持的 9 记全明星三分球单场命中数纪录大幅刷新，并率领詹姆斯队以 163 比 160 击败杜兰特队。

"阿克伦组合"库里与詹姆斯在家乡的地盘上均发挥出色，联手呈现一场梦幻盛宴。库里三分化雨，詹姆斯一剑封喉。

最终，库里凭借独得 50 分与 16 记三分球的壮举，首次荣膺全明星 MVP。

赛后，"萌神"在群星簇拥下，高高举起科比·布莱恩特杯。

2022

全明星 / 西部决赛 / 总决赛

MVP x 3

三 大 MVP 先 生

库里仅在 2022 年上半年就将科比·布莱恩特杯（全明星 MVP）、"魔术师"约翰逊杯（西部决赛 MVP）、比尔·拉塞尔杯（总决赛 MVP）集于一身，只身抵达 NBA 至尊境界。

最佳球员 & 最佳团队
ESPY
Stenphen Curry

2022 年 7 月 21 日，有"体坛奥斯卡"之称的 ESPY 颁奖典礼在洛杉矶举行。勇士凭借在 2022 年的成功夺冠，成为最大赢家，荣获了 ESPY 年度最佳团队奖。库里也荣膺了年度 NBA 最佳球员，他是第三次获得此项殊荣。

总　决　赛　第　四　场

43

NBA FINALS

Stenphen Curry

2022 年 6 月 11 日，总决赛第四战在波士顿北岸花园球馆开打。此前勇士总比分以 1 比 2 落后凯尔特人，此战不容再败。

此役库里打出个人总决赛的最强一战，26 投 14 中，命中 7 记三分球，砍下生涯总决赛第二高的 43 分（2019 总决赛 G3 曾砍 47 分），并贡献 10 个篮板、4 次助攻。

最终，库里力压"双探花"（塔图姆 23 分 + 布朗 21 分），以一己之力率领勇士以 107 比 97 击败凯尔特人，演绎出一部孤胆萌神的逆天传奇。

得分

库里数据解析

壹

季后赛场均得分
27.4

季后赛投篮命中率
45.9%

季后赛三分命中率
39.7%

总决赛场均得分
31.2

总决赛投篮命中率
49.6%

总决赛三分命中率
43.7%

豹子尾摇穿画戟，雄兵十万脱征衣！

34 岁的库里在 2022 年总决赛上步入职业生涯的巅峰，面对联盟最佳防守球员斯玛特以及最佳防守球队凯尔特人，他场均取得 31.2 分，真实命中率达到恐怖的63%。更为关键的是"库有引力"，给对手形成强大的威慑与牵制，成为勇士最终击败强敌的关键所在。

篮板

库里数据解析
叁

季后赛场均篮板

5.2

总决赛场均篮板

5.8

助攻

库里数据解析
贰

季后赛场均助攻

5.9

总决赛场均助攻

5.0

水花追梦

2012—2022

Curry & Thompson & Green

库里以神乎其技的三分球起笔，加上汤普森机器般精密投射、格林坐镇中军串联攻守，共同勾勒出一个恢弘连绵的勇士王朝。"水花兄弟"库里、汤普森与"追梦"格林，合在一起有了一个充满诗意的组合名字——"水花追梦"。

从 2012 年到 2022 年，他们携手十年，走过高峰低谷，率领勇士完成"八年四冠"的壮举，彼此成就更好的自己，联袂写就"兄弟不离"的现实童话。

3

王 牌 三 人 组

10

携 手 十 年

水　花　追　梦

至尊萌神
Stenphen Curry

　　嗜血三分球箭箭封喉，蝴蝶穿花步次次击透，利用威胁盘活队友，增肌后的库里在2022年季后赛做到了这一切。他场均砍下27.4分，命中4.1记三分球，率领勇士时隔四年再次夺冠。

　　总决赛的库里更加无解，六战轰下187分，场均取得31.2分、5次助攻，并在第四战劈下43分，以一己之力扭转战局。最终勇士击败凯尔特人，完成八年四冠的壮举，库里高高擎起拉塞尔奖杯，这个总决赛MVP再无异议。

库里 2022 季后赛 & 总决赛数据表

日期	对阵球队	得分	篮板	助攻
西部首轮				
4月17日	掘金	16	3	4
4月19日	掘金	34	3	4
4月22日	掘金	27	3	6
4月25日	掘金	33	3	8
4月28日	掘金	30	5	5
西部半决赛				
5月2日	灰熊	24	3	4
5月4日	灰熊	27	9	8
5月8日	灰熊	30	2	6
5月10日	灰熊	32	5	8
5月12日	灰熊	14	3	4
5月14日	灰熊	29	7	5
西部决赛				
5月19日	独行侠	21	12	4
5月21日	独行侠	32	8	5
5月23日	独行侠	31	5	11
5月25日	独行侠	20	5	8
5月27日	独行侠	15	3	9
总决赛				
6月3日	凯尔特人	34	5	5
6月6日	凯尔特人	29	6	4
6月9日	凯尔特人	31	4	2
6月11日	凯尔特人	43	10	4
6月14日	凯尔特人	16	3	8
6月17日	凯尔特人	34	7	7

水 花 追 梦

汤神依旧
Klay Thompson

时隔漫长的 941 天，克莱·汤普森终于复出。虽然状态有所起伏，但对于一位遭遇过左膝前交叉十字韧带撕裂和右脚跟腱撕裂两次大伤的 30 岁老将而言，其表现值得尊敬与肯定。

他还是如约而至的那位"G6 汤"，2022 年西部半决赛第六场轰下 30 分并命中 8 记三分球，帮助勇士淘汰灰熊；他还是"水花兄弟"中的那个"阿花"，那个库里身边最可靠的人。2022 年季后赛，克莱场均得到 19 分，一共投进 77 记三分球，他还是我们心中那尊"汤神"。

● 2022 年季后赛场均得 19.0 分、3.9 个篮板、2.3 次助攻

硬核摇滚

Draymond Green

德拉蒙德·格林也已过而立之年，但脾气依旧火爆，肆意咆哮与粗野动作让他难免遭遇犯规甚至被驱逐，但那又如何？这样的格林才是勇士的斗魂！

格林的暴烈给球风文雅的勇士注入了刚猛与强悍，而他的居中调度与凶猛防守给球队带来熟极而流的运转。格林在 2022 年季后赛场均仅得 8 分，三分球命中率更惨不忍睹，但他还场均贡献7.2 个篮板、6.3 次助攻，表现极其全面。勇士夺得第四冠，他的笑容格外灿烂，因为"格林公式"完成闭环。

● 2022 年季后赛场均得 8.0 分、7.2 个篮板、6.3 次助攻

普洱正淳
Jordan Poole

乔丹·普尔在 2022 年大爆发，成为勇士的一大惊喜。他顶替受伤的库里出任首发，连续得分 20+。库里归来，他又利用对手包夹库里时出现的空当，频频飙中神奇三分球。逐渐"萌神化"的普尔有了"小库里"美誉。他在 2022 年季后赛场均能砍下 17 分，成为"水花兄弟"之外的第三得分点。

● 2022 年季后赛场均得 17.0 分、2.8 个篮板、3.8 次助攻

天赋怪杰
Andrew Wiggins

安德鲁·威金斯在职业生涯中演绎着悖论，拥有顶级天赋的 NBA "状元"，却年纪轻轻打起得分定额的"养生篮球"。

威金斯在 2022 年入选全明星首发后终于猛醒，他在西决第三场隔扣东契奇震惊世人，而 27 分更像是战利品。

总决赛他全能而又高效，几乎锁死塔图姆，那是"状元"对"榜眼"的天赋压制，威金斯场均得到 18 分之余，顺便在第四场摘下生涯新高的 16 个篮板。

● 2022 年季后赛场均得 16.5 分、7.5 个篮板、1.8 次助攻

● 2022 年季后赛场均得 1.6 分、1.0 个篮板、1.7 次助攻

四冠一哥
Andre Iguodala

　　尽管 38 岁的伊戈达拉在 2022 年季后赛场均仅得 1.6 分，但他的作用非比寻常。作为"水花兄弟"之外唯一经历过勇士四冠的功勋，"一哥"成为球队的"精神导师"。他督促普尔成长，传授威金斯心得。他还是勇士"福星"，2021 年伊戈达拉回归金州，库里就欣喜于好兄弟能归队，旋即，勇士在 2022 年夺冠。

金州智帅
Steve Kerr

　　史蒂夫·科尔将勇士的团队篮球发扬到极致。奥托波特、小佩顿等边缘球员在他的麾下实现重生，同时他又将库里的威胁用战术完美展现。因为拥有库里，即便总决赛首战主场失利，科尔教练依然气定神闲，羽扇轻挥，便有退敌千计。

　　2022 年，科尔率领勇士夺得第四冠，加上他在球员时期已夺五冠，已经拥有九枚戒指的科尔堪称现代版"指环王"。

● 2022 年执教勇士季后赛战绩：16 胜 6 负

巅峰之上，萌神无疆，
睥睨群雄，箭指五冠。
Stenphen Curry

2022 年 6 月 17 日，库里率领勇士以总比分 4 比 2 淘汰凯尔特人，时隔四年再夺总冠军，完成八年四冠的壮举。那一夜，库里傲立潮头，独享天下至尊的朝贺。

2022 年的 NBA 非 "库里年" 莫属。他加冕历史三分王，一路率领勇士扶摇直上，也收获了全明星 MVP、西部决赛 MVP、总决赛 MVP 等至尊荣耀。

随着库里率队夺冠，他在场外也收获颇丰。2022 年 7 月 21 日，库里荣膺了 ESPY 年度 NBA 最佳球员奖。9 月 1 日，库里母校戴维森大学退役了他的 30 号球衣。库里时隔 13 年终于领到了属于自己的大学文凭，亲临毕业典礼现场的他难掩激动之情："我毕业了，我现在是戴维森的名宿，这是美妙的一天。"

2022 年 9 月 18 日，安德玛为库里奉上一份价值 10 亿美金的终身代言合同。起于微末的安德玛在 2013 年选中在耐克郁郁不得志的库里，随着库里一路长红，安德玛也跻身一线品牌，库里这份终身合同也是实至名归。

库里是历史三分王，将全明星、常规赛、西部决赛、总决赛四大 MVP 集于一身。作为 NBA 唯一与球队签下两份两亿合同的球员，他已跻身 NBA 历史前十行列。

在接下来的 2022/2023 赛季，库里志在率领勇士完成卫冕。那样，他将只手戴满五枚总冠军戒指，在现役 NBA 中无人能及。

库里薪资合同总表

年份	合同
2009—2013 年	4 年 1270 万美元
2013—2017 年	4 年 4400 万美元
2017—2022 年	5 年 2.01 亿美元
2021—2025 年	4 年 2.15 亿美元

The front part of Biography
Stenphen Curry

斯蒂芬·库里前传

1988 年的 3 月 14 日，早春的微风吹散暮冬的最后一丝寒意，伴随着温煦的阳光，阿克伦城市医院传来一声啼哭，戴尔·库里和妻子桑娅迎来了他们的第一个孩子，彼时效力于克利夫兰骑士的戴尔抑制不住初为人父的喜悦，他给儿子取名——斯蒂芬·库里。

值得一提的是，这座阿克伦的普通医院在 3 年零 72 天以前，出生了另外一个孩子——勒布朗·詹姆斯，这对"阿克伦之子"在 20 年之后主宰了 NBA 的格局。

戴尔只在骑士征战了 1987/1988 赛季，1988 年戴尔开始效力夏洛特黄蜂，小库里也随着父亲来到北卡罗莱纳州的这座名城。在这里，戴尔渐渐打出名堂，成为黄蜂队的明星球员，而小库里因之缘，渐渐喜欢上篮球。那时的他还不知道，篮球会成就他一生的荣耀，他也会用篮球书写传奇，从而改变了 NBA 的一个时代。

风起于青萍之末。库里拥有非凡的篮球天分，从小就露出端倪。由于父亲是 NBA 的名射手，小库里从 4 岁起就是 NBA 场边的常客，他在孩提时代就开始投篮训练。

至于库里的华丽运球，那是源于他从小就被"白巧克力"贾森·威廉姆斯那些匪夷所思、充满创造力的传球和运控技术迷晕，立志像"白巧克力"那样在场上随心所欲。

库里的母亲桑娅也曾是一名出色的控卫，可以说，库里的投射天赋来自父亲，而他的运球技术则来源于母亲。

2002 年，戴尔·库里解甲归田，作为 NBA 的一代名射手、最佳第六人，戴尔退役时留下总命中 1245 记三分球的佳绩以及超过 40% 的三分球命中率。

告别 NBA 赛场之后，老库里成为夏洛特基督高中的篮球教练，库里恰巧是这个篮球队的一名新队员。作为名射手，戴尔实在看不下去库里模仿马里昂去投篮，于是开始对库里言传身教，手把手纠正儿子的投篮动作。

戴尔的投篮姿势堪称教科书，每一次持球、起跳、压腕、拨指，所有程序都一丝不苟。

戴尔知道，这些技术只能通过日复一日的刻苦训练来熟练掌握。

　　高中时期的库里，不分昼夜地琢磨练习那些投篮动作，一颗"射手之心"不知不觉在篮球入网的美妙水花声中逐渐成长，那是笃定每球必进的自信。我们总是惊叹于那些伟大射手们熟极而流的潇洒出手，而更为强大的是他们"一球入魂"的强大信心。

　　库里在高四时三分球命中率达到惊人的 48%。他已经是全美知名的高中明星球员，但身高只有 1.83 米、身材瘦削、清秀文弱的库里还是入不了那些 NCAA 名校的法眼。

　　没有任何一支 NCAA 球队对库里表示兴趣，质疑声也不绝于耳，人们不相信这位身材单薄、面容稚嫩的篮球"星二代"能够承受 NCAA 级别的对抗，因为 NCAA 充斥着大量的肌肉壮汉和飞天暴走男。最后库里选择了戴维斯学院，在这片大学篮球的荒漠，库里却遇到了影响他之后篮球生涯的好教练——鲍勃·麦凯利。

　　麦凯利教练慧眼识珠，力排众议接纳库里，并且对库里的心性进行了细致的打磨。

　　在麦凯利教练的精心呵护下，库里大放异彩，在大一赛季就以场均 21.5 分高居南方联盟得分榜首位，率队打出 29 胜 5 负的战绩，赢得南方联盟常规赛的冠军。库里还在首个赛季一共投中 113 记三分球，打破 NCAA 大一赛季的纪录。

大二赛季，库里更进一步。2008 年的 3 月 23 日，库里面对 NCAA 第二号种子乔治城大学队，下半场射落 25 分，率领戴维森学院队逆转 17 分，击败乔治城大学队。

2008 年 3 月 21 日，在对阵冈萨加大学队的比赛中，库里又砍下 40 分，三分球 10 投 8 中，率领戴维森学院队击败对手，首次挺进 NCAA 第二轮。

最终，库里在大二赛季一共投中 159 记三分球，再度刷新 NCAA 的大二纪录。

库里在大三赛季，首次作为控卫出场，场均助攻从 2.9 次上升到 5.6 次，展现出非凡的赛场视野和传球功力，这些技巧加上他的投射能力，已经达到 NBA 的标准。

库里最终在大三赛季场均得到 28.6 分、4.4 个篮板、5.6 次助攻和 2.5 次抢断，成为 NCAA 的得分王，并被评为全美第一阵容。连詹姆斯都赶来看这位"小老乡"的比赛。当库里下起"三分雨"，詹姆斯起身鼓掌，全然没有想到库里日后会成为自己的劲敌。

库里经过大学三年的刻苦磨练之后，决定参加 2009 年的 NBA 选秀大会。为了这一刻，他已经准备了很久。

一箭封神

斯蒂芬·库里传

STEPHEN CURRY

● 文 / 穆东 平原公子 韦伯三世 张学民

第一章

金州之秀

斯蒂芬·库里传

铂金之耀

STEPHEN CURRY

2009 年，斯蒂芬·库里决定参加 NBA 选秀，他的父亲戴尔·库里很担心儿子会受到不客观公正的对待。这种担心不是空穴来风，因为对那些顽固不化的老派篮球人士而言，库里这种轻灵风格还不能入他们的法眼。

在那个时代，人们欣赏的是乔丹、科比那种标准身材的得分后卫，甚至连尤因、巴克利、马龙这样天赋异禀的悲情人物也被人们宽容敬仰。篮球是一项对抗性很强的运动，他们习惯看到场上的肉搏对抗，一时还欣赏不了库里这种轻灵飘逸的球风。

虽然库里在大学时期创造了单赛季命中 159 记三分球和单场独得 42 分两项 NCAA 纪录，但身材单薄的他能否适应高强度的 NBA，以及来自戴维森学院（并非篮球名校）的平常出身，还是成为困扰着库里选秀的两大问题。

当时一些专家将库里的模板定为 1994 年率领掘金创造"黑八奇迹"的全能小个子阿卜杜拉·劳夫，后者是一位聪明而又投篮能力不错的球员，他们将库里比作劳夫，已经充分认可了他的天赋和潜力。那些专家做梦也不会想到，进入 NBA 的库里将成为开宗立派的一代宗师，成为掀起篮球变革新浪潮的划时代巨星。

库里参加 NBA 选秀前的体能测试，结果出人意料——他那看似纤细的双臂居然能将 84 公斤杠铃卧推 10 次，而同届新秀中号称"控卫詹姆斯"的泰瑞克·埃文斯只能推 7 次。库里的助跑起跳高度为 90 厘米，相当于同届"人形飞行器"布雷克·格里芬的数据。库里在 3/4 场冲刺跑的成绩为 3.28 秒，比以快成名的蒙塔·埃利斯还快 0.03 秒！库里身高 1.91 米，臂展只有 1.92 米，这是他体测报告中一项弱环。所以，库里其实身体天赋比大多数 NBA 球员都要好，他毕竟是"名射手"戴尔·库里的儿子，家族基因比较强大。

2009 年是一个选秀大年，那一届新秀，除了库里之外，还有布雷克·格里芬、泰瑞克·埃文斯、詹姆斯·哈登等潜力新星。当然，其中最耀眼的还是那个让整个 NBA 都垂涎已久的西班牙"金童"——里基·卢比奥。

2009 年的选秀大会前，尼克斯拥有第 8 顺位选秀权，当时他们的主教练是德安东尼。若能到德安东尼手下打球，库里完全可以成为下一个纳什。库里的经纪人杰夫·奥斯丁和库里一家人都是这么想的——去尼克斯。

　　手握"榜眼签"的灰熊也对库里表示了极大的兴趣，当时灰熊的副总经理肯尼·威廉姆森是最想签下库里的唯二之人，另一位是勇士的总经理拉里·莱利。

　　当年，雷霆、国王、森林狼都向库里发出了试训邀请，其中森林狼拥有第5、第6顺位的选秀权，结果，森林狼分别选中了卢比奥和弗林。

　　当库里团队都以为他会去手握8号签的尼克斯之时，勇士总经理拉里·莱利却拿着7号签将斯蒂芬·库里招至金州。彼时，勇士从1995年到2009年只进过一次季后赛，2007年的"黑八奇迹"只是昙花一现，之后又回到"鱼腩"序列。

　　拉里·莱利太喜欢库里了，认为他是2009年所有新秀中（排在格里芬之后）第二好的球员，甚至把他和两届MVP纳什比较。莱利欣赏斯蒂芬·库里，还因为他是前NBA球星戴尔·库里的儿子。因为上述原因，莱利还说服了当时勇士的教练唐·尼尔森。选秀之前奥斯丁告诉库里，如果他等到了第7顺位，那很可能就会被勇士选中。

　　2009年6月24日，NBA选秀大会在麦迪逊广场花园剧院举行，斯蒂芬·库里果然在第7顺位被勇士选中，当时积弱不振的金州急需找到一位带领球队走出泥潭的"领路人"，而身材单薄的"娃娃脸"射手能否胜任这个重要角色，还是一个巨大的疑问。

　　当时戴尔·库里也对这个结果不太满意，他认为爱子更适合德安东尼的尼克斯进攻体系，但仅拥有第8号签的尼克斯彻底失去库里。无奈之下，纽约人只好选择乔丹·希尔。

　　勇士已经拥有攻击性极强的后卫埃利斯，但主教练"疯狂科学家"唐·尼尔森善于

2009 选秀 TOP 10		
首轮	球队	球员
1	快船	布雷克·格里芬
2	灰熊	哈希姆·塔比特
3	雷霆	詹姆斯·哈登
4	国王	泰瑞克·埃文斯
5	森林狼	里基·卢比奥
6	森林狼	乔尼·弗林
7	勇士	斯蒂芬·库里
8	尼克斯	乔丹·希尔
9	猛龙	德玛尔·德罗赞
10	雄鹿	布兰顿·詹宁斯

大胆试验，并不介意让库里和埃利斯一起搭档后场，这将是一个疯狂的进攻组合。

2009 年选秀尘埃落定，这届新秀星光璀璨，其中包括（状元）格里芬、（探花）哈登、库里、德罗赞、卢比奥、埃文斯以及朱·霍勒迪等日后在 NBA 扬名立万的众多球星。他们集体井喷式爆发，为其博得响亮的名字——"铂金一代"。

继 96"黄金一代"、03"白金一代"之后，09"铂金一代"成为 NBA 选秀史上一次里程碑的集体涌现。而十三载岁月流转，在 2022 年再回首，你会发现：手握四冠的库里无疑是 2009 年"铂金一代"中最为闪耀的一位。

库里大放异彩那是后话，2009 年选秀之后，一切看起来还扑朔迷离。

2009 年 NBA 选秀大会结束之后，时任勇士总经理的拉里·莱利曾介入与太阳的交易谈判。巧合的是，彼时太阳总经理正是目前勇士主教练斯蒂夫·科尔。

那年夏天，科尔正在兜售太阳的全明星大前锋斯塔德迈尔。按照彼时传闻的交易方案：太阳将用小斯换来勇士的库里以及一些球员，以便让库里来取代慢慢老去的纳什。

但是交易最终没能达成，因为老尼尔森渴望让库里与埃利斯一起搭档后场。

虽然被选入"弱队"勇士，但库里并不失望，毕竟成为 NBA 的 7 号秀是件值得庆贺的事。选秀后第二日，库里和父亲还有经纪人奥斯丁一行三人踏上了前往金州的路，他们一路上都还在担心勇士要把库里打发到太阳，不过当库里三人看到勇士总经理莱利盛情迎接，脸上还带着加州阳光般灿烂笑容时，一切担心皆烟消云散。

憾失最佳新秀

STEPHEN CURRY

2009 年，库里顺利地被金州勇士签下，开始 NBA 职业生涯。一纸 4 年 1270 万美元的新秀合同签订之后，他加入了老尼尔森的"疯狂实验室"。

2009 年是选秀大年，除了拥有格里芬、哈登、埃文斯、卢比奥、德罗赞、詹宁斯、朱·霍勒迪、杰夫·蒂格等实力球星，二轮秀中还藏着丹尼·格林这样的悍将。初入 NBA，库里在这批青年才俊中实力并不算出众。

彼时，2009 年"头牌"是拥有超人类身体素质的格里芬，他也被誉为继詹姆斯之后最出色的一位"状元"。但格里芬还未来得及在 NBA 展示"暴力美学"，就在快船季前赛中遭遇小腿骨折，这个勇猛的"狮鹫兽"因此赛季提前结束。

"状元"突如其来的伤病，让这一届的新秀蒙上了阴影，哈登的哮喘众所周知，而库里纤细的脚踝看上去也不是那么坚强。

2009/2010 赛季对于诸位新秀来说是个波澜壮阔的舞台，但这里的主角不是格里芬、塔比特、卢比奥，也不是库里，而是"双斯闪耀"的埃文斯与詹宁斯。埃文斯打出了新秀赛季罕见的场均 20+5+5 的全能数据，詹宁斯更是创下单场 55 分的壮举。

相比于埃文斯与詹宁斯，库里在新秀赛季表现得中规中矩。

2009 年 10 月 29 日，勇士对阵火箭，库里 12 投 7 中，砍下 14 分并送出 7 次助攻和 4 次抢断，他的 NBA 首秀可谓惊艳。值得一提的是，库里只投了 1 次三分球，并未命中。这个日后让他统治整个联盟、掀起变革浪潮的远投绝技，并未急于亮相。

新秀赛季的库里比较低调，在埃利斯身边做起控球后卫。有时候，库里还会为自己出手过多而自责，"我投了许多篮，我应该做好指挥这件事。"

谦逊低调的库里很快融入勇士全队，他也渐入佳境。2009 年 12 月 24 日，勇士对阵鹈鹕的比赛中，库里拿到 17 分、10 个篮板、7 次助攻，完成了 NBA 生涯的首次"两双"。

2010 年 2 月 11 日，勇士对阵快船，埃利斯因伤缺阵。库里独挑重担，他 22 投 11 中，三分球 11 投 7 中，拿到 36 分、10 个篮板、13 次助攻的大号"三双"，率队取胜的同时，还创造个人得分新高，完成个人 NBA 的首次"三双"以及 2009 届新秀的首次"三双"。

4月8日，库里豪取27分、14次助攻、8个篮板、7次抢断，率领勇士击败森林狼，帮助主教练老尼尔森拿下执教生涯的第1333场胜利，老尼尔森也因此一跃成为NBA历史上胜场最多的"第一教头"。

4月15日，是常规赛的"收官战"，勇士大部分球员因伤缺阵。库里独得生涯新高的42分，还贡献9个篮板、8次助攻，率领残阵击败开拓者，以一场胜利结束这个赛季。虽然勇士仅取得26胜的惨淡战绩，但库里在新秀赛季表现可谓不俗，他场均得到17.5分、6次助攻，投篮命中率为46%，三分球命中率高达44%。

2009/2010赛季，虽然"状元"伤退、"榜眼"平平，但"铂金一代"的新秀们还是让人眼前一亮，尤其是国王的"小詹姆斯"埃文斯。

埃文斯场均得到20.2分、5.3个篮板、5.8次助攻。纵贯历史，只有"大O"、乔丹和詹姆斯在新秀赛季拿到"20+5+5"的数据，而这三大巨星无一例外都成为"最佳新秀"，甚至，赞助商还专门为詹姆斯设计了一款球鞋，名字就叫"20+5+5"！

最终，埃文斯凭借"20+5+5"的历史级数据力压库里，夺得最佳新秀。

虽然后半赛季得到机会的库里，表现得比埃文斯更有领袖气质，虽然在NBA8项技术统计中，新秀赛季库里就有三项名

列前10（抢断第3名，三分球命中率第7名和罚球命中率第9名），但在最佳新秀评选中，他还是惜败给埃文斯。

"我感觉我仍然和高中时一样。"库里说，"虽然人们告诉我进入联盟后会很难保持不变。"库里努力模仿纳什的动作，由于签约同一个经纪人，他也和保罗变得很亲近。他从两位控卫大师身上努力汲取养分。

库里还会反复观看自己的比赛录像，思考自己最佳的传球和投射时机。初登NBA赛场的库里还是个身材单薄的投手型球员，但他通过不断历练，很快就向全能控卫发展，已经开始有人高呼库里可能是继纳什之后最好的控卫射手。

观看库里的比赛，还真能找到一些纳什的影子。首先两人的射术都非常精湛，库里在新秀赛季的真实投篮命中率高居控卫第二。其次在纳什最为独到的传球上，库里也积极赶上，或许还不如纳什那般宏观，但库里的传球基本功非常扎实，在高速轮转中也能及时找到处于空位的队友。同时两人都是完美的挡拆执行者，而库里更快。

在防守上，库里比纳什更胜一筹。他身材更高，勇士有库里坐镇后场时丢分更少。库里的盖帽和抢断率都在控卫中位居前列，而纳什的防守一直为人所诟病。

在2009/2010赛季的后半段，库里在常规赛表现非常抢眼，但在2010年全明星新秀对抗赛中表现平平。埃文斯和德胡安·布莱尔分享了新秀对抗赛MVP，布莱尔还表演了一手麦迪式打板空中接力暴扣，库里看上去没有那么多的表演欲望与天赋。

库里与最佳新秀失之交臂，也在情理之中。在NBA，数据与战绩才是王道。

库里在新秀赛季初期因为单薄的身材与脆弱的脚踝，给大家一种先入为主的思维，认为还是强壮而又全面的埃文斯更有前途。其实这些问题始终伴随着库里，并贯穿他的NBA生涯。在肌肉丛林里，这位眉清目秀的"小学生"能否安然无恙都是个问题，更别提他能统领一支球队，甚至统治联盟。

库里并未理会这些，他只管按照自己的方式去成长。新秀赛季对于他来说是一个成功的开始，因为他仅仅用了一年时间，就成了金州勇士的绝对主力。

父子之间

STEPHEN CURRY

库里在 NBA 新秀赛季大放异彩，以 46% 的命中率场均轰下 17.5 分，送出 6 次助攻，作为"菜鸟"殊为不易。虽然成绩喜人，但父亲戴尔·库里时刻提醒儿子不要沾沾自喜，要成为一名出色的新秀必须注意细节：形成固定的作息和日程，多看比赛录像，保证充足的睡眠，无论球队经历什么剧变，都要对自己保持信心。

2009/2010 赛季，戴尔一直担任夏洛特山猫的现场比赛评论，在赛季进行时，库里和父母聚少离多。2010 年休赛期，结束菜鸟赛季的库里终于有机会和父亲面对面地好好交流了。库里从小到大一直以父亲为榜样，这也让戴尔很欣慰。

库里很享受与父母一起待在家里的感觉，他自称"宅男"。所以在 2010 年 4 月中旬，NBA 赛季刚刚结束，库里就奔赴夏洛特，和父母待在一起。

在悠长的夏日假期里，库里学会为父母做美食。在 NBA 打了一个赛季，库里不仅球技进步迅猛，厨艺也小有长进，他从训练师那儿学会了做牛奶果汁沙冰。除了美食，库里还在这个夏日里制定了继续增重的计划，以便在新赛季里更好地进行身体对抗。

此时，库里的弟弟塞斯·库里正在担任杜克大学的主力控卫，虽然没有哥哥那样的篮球天赋，但拥有精准投篮功夫的塞斯也继承了库里家族的"神射手"基因。

库里一家在夏洛特人缘不错，因为戴尔当年就曾在夏洛特黄蜂效力过十个赛季（1988 年—1998 年），他把自己职业生涯中最好的一段时光都奉献给了这座城市。

库里在 2009 年选秀大会被勇士选中之后，只得离开父母，前往离家有 4000 多公里之外的金州。那时的他还从未在离家那么远的地方独自生活过，就读戴维森大学时离家只有 36 公里，库里经常回家，而此时为了篮球，"宅男"库里只能远走他乡。

库里六七岁时，戴尔就来到夏洛特黄蜂打球。或许是耳濡目染，库里从小就喜欢许多体育运动，当然最喜欢的还是篮球。

库里自幼就过着相对优渥的生活，没有经历过大多数黑人球员经历的贫困生活，母亲桑娅对他的照顾尤其细微。

戴尔和桑娅（库里父母）当年在弗吉尼亚理工大学相遇相识，二人都是学校体育队

的成员，他们喜结连理之后，先后孕育三个子女，除了长子斯蒂芬·库里之外，还有二儿子塞斯·库里、小女儿西德尔·库里，三兄妹也都继承了父母的运动基因。

2002 年，戴尔从 NBA 功成身退，留下一届最佳第六人的荣耀（1993/1994 赛季），并一共命中 1245 记三分球，成为载入史册的一代名射手。

退役后的戴尔在夏洛特天主教高中担任男篮助理教练，当时库里在这里读高一，戴尔也顺理成章地成为儿子的篮球教练。库里年少初学投篮时出手姿势怪异、酷似马里昂。在库里高三那年，戴尔强迫儿子改掉以前糟糕的投篮手姿势，出手点调高到头顶以上，这才造就了那位日后大杀四方的"神射手"雏形。

戴尔在从事职业篮球之前，还曾打过棒球，并且在 1984 年被 MLB（美国职棒大联盟）的巴尔的摩金莺选中。不过戴尔并未前去报到，而是在一年后参加了 NBA 选秀大会，并在首轮第 15 位被爵士选中，开始了自己的 NBA 生涯。

库里也曾迷恋棒球，并在七年级时一度有了放弃篮球而专攻棒球的念头，幸亏库里最终回到篮球场，否则现在我们就无法在篮球场看到他灵动飘忽的身影。

时至今日，库里的父亲仍然在竭尽全力地帮助儿子，尽管仅用一个赛季，库里就已经在 NBA 证明了自己是极具潜质的后场指挥官。这速度，远比当年的戴尔来得迅猛。

由于戴尔有在夏洛特山猫的解说任务，绝大多数时间他都不能去现场看库里的比赛。

但他会在儿子的比赛时，守在电视机旁边观看比赛直播。

"他会成为联盟中一位出色的球员。"戴尔自豪地说，"每一场比赛他都在提高。"

2010 年 4 月 15 日，2009/2010 赛季常规赛的收官之战，勇士对阵开拓者。此时的勇士伤兵满营，最后只能由 6 名健康的球员轮换出场。库里独撑大局，得到 42 分，抓下 9 个篮板，送出 8 次助攻，并拿下 2 次抢断，率队以 122 比 116 取胜，交出一份自 1961 年以来最漂亮的新秀数据单。

看完儿子的收官战之后，戴尔回到奥克兰公寓，同戴维森前队友布莱恩特·贝尔交谈到深夜。"在控制比赛方面，他提高了。"贝尔说，"特别在队里伤病满营、阵容不整的劣势下，能有那样的表现，真令人难以置信。"老友的由衷称赞让戴尔如沐春风，作为一名父亲，从"望子成龙"到"见子成龙"的巨大成就感让戴尔兴奋得彻夜难眠。

2010 年夏天，库里和父亲一同出席了高尔夫名人赛。饭后闲暇，他们又开始在后院玩起 HORSE 投篮比赛，父子二人在各条战线上开始了"比准"的游戏。

当时戴尔才 46 岁，时值壮年。岁月流转虽然令他的须发泛白，却没有带走他那精准的投篮手感。作为 20 世纪 90 年代 NBA 的名射手，戴尔与儿子比拼投篮，一时间仍然不落下风，要知道，此时的库里是 NCAA 的最佳投手以及 NBA 的主力控卫。

在库里开球之后，二人就开始了激烈的"战斗"，很明显父子俩都竭尽全力。戴尔接球就投，手型十分稳定，还和当年一样标准，"唰！"球空心入网，率先得到"H"。

儿子显然不想输给父亲，库里在三分线外站定，张弓搭箭，还以颜色，也得到"H"。彼此战至酣处，库里还站到门外的车道上尝试超远距离投篮，球照样飞进篮筐。

曾经的 NCAA 最佳射手果然名不虚传，随后库里笑着对父亲说："您不可能投进这样的球。"说完，库里在罚球线上背对篮筐，将球向后一抛，球旋即打板入筐。

戴尔试图如法炮制，但果然如库里所料，球没有飞入篮筐。几轮比试下来，父亲终于输给了儿子。如果戴尔是千锤百炼锻造出的一名"名投手"，那么库里则是钟灵毓秀的"神射手"，他那举世无双的神奇手感，除了来自父亲的遗传之外，还有几分上天赋予的"仙气"，这也是库里能在日后以三分球征服 NBA、投篮独一档存在的奥秘。

在这样的一个惬意的夏天，和父亲待在一起，玩着十多年来从未厌倦的投篮游戏，对库里来说是一种特别的享受，因为出了这个院子，他又得努力战斗了。

金州双枪

STEPHEN CURRY

　　勇士主教练唐·尼尔森是一位"疯狂科学家"，热衷进行各种新奇的实验。在他之前，没有人能想象斯蒂芬·库里和蒙塔·埃利斯在一起是个什么场面，因为埃利斯是个"进攻黑洞"，而库里又需要持球在手，他们联手后，勇士的球权如何分配？

　　但老尼尔森从未担心过这个，他是史上最顶尖的进攻调配大师。在他眼中，库里既不是传统意义的得分手，也不是纯粹的组织者，他既能够持球在手发动进攻，也能够通过跑位去获得接球出手的机会。库里脚步灵活，思维独特，无球跑动比雷·阿伦、雷吉·米勒更加飘忽不定。与那些传统射手相比，他更加防不胜防。库里还有覆盖整个半场的无死角射程，也让他可以随时随地猝然出手，让对手防不胜防。由于他的强大存在感和威胁力，也让埃利斯获得巨大的战术空间，可以随心所欲地进行一对一单打。

　　新秀赛季，老尼尔森一直用库里和埃利斯搭档首发。埃利斯更多的时候打控卫，用他的突破为队友创造得分机会，而库里通常扮演外线射手的角色。但是在埃利斯因伤缺阵的两场比赛（对手分别是太阳和国王）中，库里成为球队进攻端的核心，而他也用两场共52分、14个篮板和8次助攻的全面数据，让人们见识了什么才是"双能卫"。

　　其实库里是超级射手，但是在他大学的最后一年，也开始担任控卫。从那时起，他那被低估的传球和掌控力，以及出色的大局观就慢慢显露了出来。

　　2009年的夏天，克里斯·保罗还帮助库里改善了突破时的脚步变化，并教给了他一些NBA比赛的小窍门。库里和保罗都来自北卡罗来纳州，是老相识。保罗也了解库里的实力。"在戴维森的时候，他基本上都是在投篮。"保罗说，"很多人都低估了他的控球能力，他是个非常全面的球员，能攻善守，一旦有机会，他会向你展示的。"

　　初到勇士，库里深知这支球队的头号球星是埃利斯，这是一个骄傲自负的家伙，只要他在场上，就一定要拥有最多的开火权。早在训练营开始前，埃利斯就曾明确表示过"无法和库里搭档后卫线"，摆明了就是想给菜鸟一个下马威。

　　作为2007年"黑八奇迹"的功臣之一，全联盟攻击力顶尖的矮个子后卫，埃利斯是一位桀骜不驯、眼高于顶的家伙，他显然不欢迎库里的到来。

　　早在2009年选秀大会时，埃利斯就公开宣称不希望勇士选来一个后卫，后来库里

一箭封神

来了，他更是口无遮拦地说："我不可能和库里搭档后场，做不到！"理由很能说服人——"库里和我搭档，后场就太矮了。"

身高1.91米的埃利斯称无法和库里共存，很大程度上是因为双方身材所限，这会令球队在防守端漏洞百出，勇士主帅老尼尔森也承认了这点。但埃利斯和库里组成的后场在进攻端绝对是任何一支球队的防线都非常忌惮的，以攻代守，也是取胜的关键。

库里面对的最大挑战就是防守，尽管以他的身材，防守起那些高大后卫来的确比较吃力，但是库里仍然对自己充满信心。

由于和库里搭档尝到了甜头，埃利斯也逐渐接受了这位小兄弟。强者之间总能找到共鸣。当库里像狐狸一样游走在每一个角落，并带走防守人时，埃利斯就会感到突破如入无人之境，得分如探囊取物。

2009/2010赛季，勇士虽然乏善可陈，但库里和埃利斯组成的"后场双枪"却令人赞叹。他们每场能合力砍下42分，即使放眼全联盟，其攻击力都可以算为顶尖。

勇士在2010年休假期，通过交易得到大卫·李，前老板克里斯·科汉放弃了球队的掌管权，老尼尔森教练则被炒了鱿鱼。老帅慧眼如炬，在自己执教金州的最后一季发掘并扶正了库里，为勇士甚至整个NBA留下了这件无比珍贵的瑰宝。

2010/2011赛季，勇士焕然一新。大卫·李将带给球队更多的内线得分，但是如果勇士想要冲击季后赛还不够，埃利斯和库里的表现还要大幅提升。虽然这个赛季库里场均贡献18.6分、5.8次助攻，埃利斯场均砍下24分送出5.6次助攻，他们联手率领勇士取得36胜，但是这个战绩还不足以杀入季后赛。

因为身高的原因，埃利斯还对和库里搭档后场持谨慎态度。然而随着他发现库里在比赛中的表现是多么棒时，这些顾虑很快就烟消云散了。虽然埃利斯习惯专注于自己的得分，错过了很多传球给队友空位出手的机会，但他场均还能送出5次助攻。

　　正当"金州双枪"渐入佳境之际，突生变故。天下没有不散的筵席，埃利斯走了。这支勇士已经潜移默化地成为库里的球队，埃利斯只是一位过渡期的领袖。

　　2012 年 3 月 14 日，埃利斯离开了勇士，远赴密尔沃基雄鹿。库里一直将埃利斯尊为大哥，而大哥的陡然离开让库里感到不安。此时父亲告诉他，NBA 就是这样，白云苍狗，世事无常，做好自己才是最重要的，正是父亲的一席话让库里重回正轨。

　　时过境迁，库里当年的人生目标只不过是成为另一个埃利斯，但如今埃利斯早已远远落在他的身后。三年之后，库里囊括得分王、常规赛 MVP、全明星票王和总冠军，成为当之无愧的超级巨星，而埃利斯只能在达拉斯小牛继续做他的单打手。

　　那时的埃利斯早就没有了当年的神采飞扬，但当谈到库里的成就时，埃利斯的嘴角依旧会微微翘起，眼神也焕发光彩，然后是骄傲地说一句："这是库里应该得到的！"

第二章
星途跌宕

斯 蒂 芬 · 库 里 传

阿喀琉斯之踝

STEPHEN CURRY

库里的球鞋上有一句话："I can do all things（我能做所有事情）。"

"这句话来自《圣经》，把它写在鞋上，让我更加专注于比赛。"

谦逊低调、微笑纯真，库里在球场上灵动飘逸，在场下也收获了大量的球迷。很多小孩都穿上了他的 30 号球衣。库里俨然成为炙手可热的新星，但他心里清楚：自己还需要加倍努力，才能在 NBA 站稳脚跟。

2011 年 6 月 6 日，勇士官方宣布与马克·杰克逊签约。这个刚刚拿到教练证书的前 NBA 球员之所以能打动勇士的管理层，靠的就是他深入骨髓的防守理念。

2011 年 6 月 23 日，NBA 选秀大会，勇士在首轮第 11 顺位选中了来自华盛顿州立大学的克莱·汤普森（前 NBA 状元米切尔·汤普森的儿子），这个选择意味深长。

2010/2011 赛季，新的老板、新的教练、新的队友，这一切让库里对篮球产生了更多的新鲜感，他开始一步一步地在 NBA 这个舞台上展示自己。

勇士新主帅马克·杰克逊简直就是库里的忠实球迷，他直言不讳："我从没有见过库里这样的天赋，他是一个全方位的射手，急停跳投、接球投篮、挡拆投篮、挡拆之中单脚跳投、后撤步面对两人防守投篮，你能想到的任何方式库里都能做。他是一个伟大的射手，我从没有见过任何人达到他的级别。虽然纳什是两届 MVP 得主，但他是另外一个层次。米勒、穆林、戴尔·库里，这些曾和我一起打球的人都是伟大的射手，但是他们的技能都有上限，而库里没有极限。"

杰克逊对库里的钟爱更胜老尼尔森，他一心一意要把他打造成全联盟最热的新星，要让他成为金州勇士的真正未来。自他入主勇士之后，球队的进攻重心几乎全部都向库里身上倾斜。如果说老尼尔森慧眼如炬，那么杰克逊就是满眼宠爱了。

库里没有因为新帅的信任而变得懈怠，而是更加刻苦训练，以便胜任更重要的角色。

库里在每次训练前要投出 1000 多个球。这包括（比赛日投篮练习）在 7 个点投两分球或三分球，只有命中 10 个球且出手不超过 13 次才换到下一个点。

在他手感好的时候，整个练习只需要不到 9 分钟。在比赛开始前的一个小时，他会

用 15 分钟到 30 分钟的时间练习运球，左手投篮，模拟比赛投篮。

库里说："比赛过程中你会有很多想法，没有时间考虑有没有收紧手肘，有没有充分屈膝。你投篮时依靠的是千万次训练形成的肌肉记忆，并相信它们。只有不断练习，你的直觉才会带着你命中那些球。"

2011 年 2 月 20 日，全明星技巧大赛，库里以 28.2 秒的佳绩夺冠。在这一年的全明星赛场，库里挥洒自如、全无滞碍。而与他相比，罗斯拘谨腼腆，威少粗枝大叶，保罗也未能保持大师风度，还搞了一个上篮不中。

全世界都看着库里如蝴蝶穿花般完成技巧挑战赛，他在行进中的转折轻巧无比，控球如杂耍般自由圆熟，最后的上篮环节，库里却罕见地以一个扣篮终结。

库里带着全明星技巧大赛冠军的光环，率领勇士进入下半个赛季。彼时他以灵秀的外表，超神的投射，加上彬彬有礼、气度雍容的风范，逐渐成为 NBA 的新生代优质偶像。

2011 年 5 月 6 日，库里捧得 2010/2011 赛季 NBA 道德风尚奖。

随着库里在 NBA 的篮球之路上走得顺风顺水，阴影也开始笼罩着他。他那大学时代就扭伤过的纤细脚踝，在 NBA 级别的对抗中变得更加脆弱了。

2012 年 1 月 10 日，库里遭遇严重的右脚踝扭伤，导致缺席 28 场比赛。4 月 25 日，库里进行脚踝手术，这次手术成功地帮他清除大量积液，从之后的表现来看，效果比较显著。2011/2012 赛季，库里因为右脚踝伤的困扰只打了 26 场比赛，场均得分也滑落到生涯最低的 14.7 分，所幸还保持着场均 5.3 次助攻与 45.5% 的三分命中率。

2012 年 6 月 28 日，NBA 选秀大会，勇士在首轮第 7 顺位选中"北卡黑鹰"哈里森·巴恩斯，又在第二轮总第 35 顺位选中德雷蒙德·格林。这次选秀对于勇士意义深远，特别是格林，他是后来八年四冠"勇士王朝"的灵魂人物，是那支横扫联盟"宇宙勇"的进攻枢纽与防守大闸。

当然这些是后话，此时的库里还深陷伤病的泥潭。2012 年 10 月 19 日，库里在季前赛中扭伤脚踝。

2012 年 11 月 1 日，库里新秀合同到期之后，勇士与他签订一份 4 年 4400 万美金的续约合同。

这份后来在库里大红大紫之后被球迷戏称压榨"小学生"的 "童工合同"，在当时来看还是与之匹配的。考虑到库里脆弱的脚踝以及阴晴不定的未来，勇士还是给予极大的信任并冒着一定的风险。

2012 年 11 月 19 日，库里在勇士和小牛的比赛中再次扭伤右脚踝。2013 年 1 月 17 日，库里在投篮训练意外扭伤右脚踝，休战两场比赛。

1 月 29 日，勇士对阵猛龙，库里在一次突破中踩到格雷的脚上，又伤了右脚踝，再次休战两场……

NBA 球员最怕遭遇某一部位缠绵不休的伤病，很多天才都尽毁于此。全世界球迷都不希望看到库里这位前途无量的超新星遭遇阿喀琉斯那样的人生悲剧。

库里拥有出色的爆发力和敏捷性，在职业生涯初期，他很依赖于急速晃动和闪电突破来晃开对手，但这些动作给他的脚踝施加了很大的压力。

2012/2013 赛季，库里又遭遇了多次右脚踝扭伤，虽然没有结构性损伤，但他的右脚踝俨然变成一颗"不定时炸弹"，没有人知道什么时候会被引爆，引爆会有什么后果。

"如果有人值得你去冒险，那就是库里。"勇士老板乔·拉克布笃定，"虽然他一直在受伤，但我们会冒上风险，赌他最终会康复。因为我们认可库里的天赋，当我们决定交易走埃利斯时，就已经把赌注押在了库里身上。既然如此，那就全押了。"

既然老板对自己充满了期待，库里也懂得知恩图报，他知道只有在球场上建功立业，取得胜利，才是回馈球队、证明自己的最好方式。而建功立业的首要条件便是摆脱"玻璃人"属性，不再受脚踝扭伤的困扰。为此，库里专门找到训练师科克·莱尔斯。

两年前，莱尔斯加盟勇士的训练团队。当时很多人认为，库里频繁出现脚踝扭伤是因为脚踝力量不够，但莱尔斯却有着不同的观点，他认为要解决库里的问题，需要加强他臀部肌肉的力量。此前，库里经常做一些大幅度动作，脚踝的负担肯定会加重。

莱尔斯认为，"库里之前很喜欢用脚踝去控制一切，但现在他开始使用臀部的力量，这样会减小脚踝的压力。他的很多伤病就是因为脚踝受力频繁而且过猛造成的，我们的工作就是指导球员如何去应付这些，在这方面库里改变得不错。"

在莱尔斯指导下，库里逐渐改变用脚踝控制的习惯，开始用臀部发力去控制身体。

虽然从表面上看，库里身材瘦弱，但事实上库里的硬拉数据约为 181 公斤，在勇士队中排名第二，仅次于中锋埃泽利。在莱尔斯看来，"库里在硬拉方面排名全队第二，其强壮度让人不可思议"。库里拥有强大的核心力量与坚韧意志，加上系统地训练调整，逐渐找回了对身体的自信。

库里不像之前那样依赖脚踝，正是因为他在身体和力量方面的提升与改变，才让他摆脱了阿喀琉斯之踝，在赛场上能够自由驰骋。

喜结良缘

STEPHEN CURRY

2011 年 7 月 30 日，23 岁的斯蒂芬·库里与相恋四年、22 岁的女友阿耶莎·亚历山大携手步入了婚姻的殿堂，从此开启了 NBA 模范夫妻的一段佳话。

两人相识多年，早在 2003 年的夏洛特，他们在双方父母参加的教会活动当中相识，当时两人被分在教会的青少年团体。那一年库里 15 岁，阿耶莎 14 岁。

那时，他们还只是孩子，但都在多伦多生活过的经历（阿耶莎是多伦多人，而库里父亲曾在多伦多猛龙效力，库里也曾在那里生活过）拉近了彼此的距离。他们都爱吃多伦多的一种加拿大糖果，交谈之后，彼此都留下甜蜜的记忆。

高中毕业之后两人各奔东西，阿耶莎前往洛杉矶去圆自己的演艺梦，而库里则选择就读夏洛特的戴维森学院，继续追逐篮球事业。山遥路远并没有割断两人的情缘，他们通过网络相互联络、表达情愫，并逐渐确立了情侣关系。

后来，库里在戴维森学院成为 NCAA 的明星球员，而阿耶莎也回到了夏洛特，住在戴维森学院的附近。于是，库里鼓足勇气牵起阿耶莎的手，展开一段纯洁的爱恋。

相恋之初，库里和阿耶莎都十分低调。那时的库里已在大学篮球界声名鹊起，而童星出身的阿耶莎也多次参与影视剧拍摄，小有名气。但在爱情面前，两个人都没有因名利而变得浮躁，迷失自己。

2009 年夏天，两个人牵手逛街的照片第一次被曝出，而在人们看来，他们就是一对很普通的校园情侣，踏实而又幸福。照片被曝光后，当时正随美国队在纽约集训的库里证实了与阿耶莎的恋情，并且还认真地加了一句话：“我会娶她的。”随后库里在 NBA

大放异彩，成为勇士的当家球星，被认为是新生代控卫中的佼佼者。一时间，荣耀财富、宝马香车都涌向身边，但库里并没有迷失自我，决定兑现自己人生中最重要的承诺——迎娶阿耶莎。

2011 年的夏天，库里和阿耶莎终于喜结连理。婚礼当天，在众多勇士队友和亲友的见证下，这对青梅竹马的情侣交换戒指，彼此说出誓言，完成心愿。

"婚礼那天是我生命中最美好的一天。"成为库里夫人的阿耶莎无比欣慰地说。

阿耶莎拥有 1/4 的中国血统（她的外公是中国人），她的容貌中有几分中国人的圆润与精致，她对于美食的热爱很可能来自那份中国基因。结婚后阿耶莎放弃了演艺事业，专心为库里打理家庭，平时只在视频网站上主持一档厨艺专栏。

库里是个恋家的宅男，父母和妻儿是他除了篮球之外的全部。库里已经是毋庸置疑的超级巨星，但时至今日，他依然会把妻子的厨艺视频放到自己的平台分享。

NBA 是一个名利场，许多球星都希望妻子们能光鲜靓丽地出现在场边，接受全世界闪光灯的洗礼。但库里喜欢让阿耶莎素颜便装，因为这样才是持家贤妻的模样。

"我觉得她很棒，不是吗？"库里投向妻子的眼神中充满着欣赏与喜爱。

结婚后的库里并未变成一位大叔，他看起来仍是那个充满童趣的"萌神"。婚姻和家庭并未束缚住他那翱翔天际的翅膀，而是让他在甜蜜中永葆青春。

王者初成

STEPHEN CURRY

2012/2013 赛季，库里在莱尔斯的指导下，改变脚踝控制的习惯，改用臀部发力控制身体，减少脚踝压力的同时，也逐渐摆脱了脚踝伤病的纠缠。

当库里在球场上保持健康时，几乎无所不能，正如他球鞋上的那句"我能做所有事情"。当库里朝着超级明星行列大步疾进时，却落选了 2013 年亚特兰大全明星赛。

当时的他已经度过 NBA 的适应期，逐渐释放出强大火力，人们为他精彩表现欢呼雀跃的同时，也为他落选全明星赛而高呼不公。库里不能入选休斯敦全明星赛的首发阵容并不意外，但他完全有实力进入替补阵容。

看看 2013 年全明星替补名单吧，托尼·帕克、克劳福德、阿尔德里奇、大卫·李、朱·霍勒迪、鲁尔·邓等等。把库里和这些人来做比较时，毫无疑问库里是最棒的。

在全明星赛之前，库里投出生涯新高的 67% 有效命中率，率领金州勇士一跃成为西部顶尖球队之一，仅在半程便取得了 30 场胜利。

"他当选 NBA 半程 MVP 也毫不过分。"《Dime 杂志》官网评价道，"NBA 全明星赛的体制一直存在着这样一个问题，就是对年轻球星不够重视。这个赛季的库里已经做得很出色了，他理应得到联盟的认可。"

库里在 2012/2013 赛季，终于成为勇士的核心，却依然错过全明星赛。江湖冷暖，甘苦自知。落选全明星是种遗憾，但也是激励库里前行的巨大动力。

2013 年 2 月 28 日，勇士客场挑战尼克斯。库里让全世界见识到"全明星落选球员"的威力，他 28 投 18 中，罚球 7 罚全中。三分球 13 投 11 中，砍下职业生涯新高 54 分，同时还送出 6 个篮板、7 次助攻和 3 次抢断。

虽然勇士以 105 比 109 憾负于尼克斯，但库里战果累累：全场命中 11 记三分球创造勇士队史纪录，单场独得 54 分成为做客"篮球圣地"麦迪逊广场花园的个人第三高分，仅次于科比的 61 分和乔丹的 55 分。2012/2013 赛季结束，54 分也成为该赛季个人单场最高得分，而单场命中 11 记三分球也高居 NBA 历史第二，当时单场命中三分球最多的纪录是由科比（2003 年 1 月）和马绍尔（2005 年 3 月）共同保持的，共命中 12 记。

2013 年 4 月 9 日，勇士在主场以 105 比 89 击败森林狼，提前锁定季后赛的名额。

这在其他豪强看来本是寻常之事，对于勇士而言却是一项历史性的突破，因为这是过去19年里第二次打进季后赛。在甲骨文球馆的山呼海啸声中，库里踌躇满志。

2013年4月18日，在2012/2013赛季常规赛收官战对阵开拓者的比赛中，库里全场投中4记三分球，这让他的单赛季三分球命中数达到272个，超越雷·阿伦2005/2006赛季的269记，创造NBA球员单赛季三分总命中数纪录。特别值得一提的是，库里的三分命中率在联盟三分球单赛季命中榜中也是第一。

2012/2013赛季，库里迎来了职业生涯的第一个高峰，他场均拿下22.9分（联盟排名第10位）和6.9次助攻（联盟排名第13位），两项数据均创下个人新高。除了个人数据耀眼之外，库里还率领勇士取得47胜35负的优异战绩，排名西部第六。

刚满24岁的库里可谓是胸怀壮志——目标直指雷·阿伦保持的NBA三分球总命中纪录。截至目前，雷·阿伦共投进了2739记三分球，而且这一数字还在不断提升中。

虽然库里的梦想似乎有点过于远大，但那并非遥不可及。

三分球传奇射手米勒退役时，他是历史上投中三分球最多的球员，但是随着"君子剑"雷·阿伦飙中生涯第2561记三分球，这一纪录成功易主。

库里职业生涯的前两个赛季创历史地投进317记三分球。雷·阿伦在他的前两个赛季只投进251记三分球，而米勒前两赛季投进的三分球数仅为库里的一半左右。

如果说米勒非常依赖无球跑动来获得出手机会，雷·阿伦的绝招是接球即投的话，把持球权的库里的三分球投射方式就显得极其丰富多彩了。库里通过挡拆、无球跑动、摆脱防守都能出手，甚至不需要队友来创造机会，他自己就能搞定一切。

　　库里不仅拥有无限开火权，更重要的是他很好地掌控了投篮时机和节奏。他在前三个赛季的三分球命中率为 44.1%，且出手 800 次以上，这种效率堪称历史第一。

　　前三个赛季，雷·阿伦的命中率为 37.2%，米勒为 39.7%，都不如库里。

首次季后赛之旅

2013 年 4 月 21 日，库里迎来季后赛首秀，虽然最终勇士在丹佛百事中心以 95 比 97 憾负于掘金，但库里贡献 19 分、4 个篮板、9 次助攻和 2 次抢断，表现可谓不俗。

4 月 24 日，库里在第二场季后赛中表现升级，全场 23 投 13 中，其中三分球 10 投 4 中，砍下 30 分外加 13 次助攻、5 个篮板和 3 次抢断，仅有 1 次失误，率领勇士在客场以 131 比 117 大败掘金。

4 月 27 日，回到甲骨文球馆，季后赛第三战，库里砍下 29 分，率领勇士在主场以 110 比 108 险胜掘金。4 月 29 日，第四战，左脚扭伤的库里带伤上阵，16 投 10 中，三分球 11 投 6 中，得到 31 分、7 次助攻、4 次抢断。他在第三节打出了极具爆发力的个人进攻，狂飙 22 分，半节投中 5 记三分球，掀起"一波流"，率领勇士以 115 比 101 再次大胜掘金，并以 3 比 1 拿下赛点。最终，勇士以 4 比 2 淘汰掘金，杀进西部半决赛。

库里在首次季后赛之旅的第一轮比赛中交出场均 24.3 分、三分命中率 44.2%，以及 100% 罚球命中率的"高能"成绩单，向世界展现了"勇士之王"的风采。

回溯季后赛首轮，勇士的对手是号称"NBA 田径大队"的丹佛掘金。当时的掘金拥有一批能奔善跳的运动达人，企图用超强的运动天赋布下天罗地网，锁死库里。但"萌神"的一记记"穿云箭"接连命中之后，丹佛人发现自己的努力是徒劳的。于是他们又想对库里进行粗野犯规，甚至不惜让库里脚踝受伤。彼时掘金大将伊戈达拉拒绝主帅卡尔部署的不光彩战术，并善意提醒库里进行防护。

首轮交锋之后，伊戈达拉更是被库里的个人风采所折服，之后他投奔勇士，与库里并肩作战，一起经历了四冠的辉煌。当然，这是后话。

2013 年 5 月 7 日，西部半决赛面对"GDP 组合"领衔的圣安东尼奥马刺。

首战，勇士客场与马刺鏖战双加时。库里出战长达 57 分 56 秒，只休息了 4 秒。他 35 投 18 中，得到 44 分、11 次助攻，其中又是在第三节独取 22 分。但遗憾的是，"三节疯"的库里在最后时刻未能延续神奇的手感，最终勇士以 127 比 129 惜败老辣的马刺。

库里犹如核弹般引爆，却没有闪耀到最后，加时赛 8 投仅 2 中，勇士也输掉了比赛。

三分球是库里最为依仗的得分利器，且随时随地都拥有出手权，他在第三节命中 4 记三分球之后，马刺使出撒手锏，所有球员都在第一时间防守库里。

而库里不仅射术神准，传球能力还相当了得，这让马刺有些防不胜防。在此之前的十几年里，还从未有任何一名外线球员，让马刺如此难堪过。

从 1973 年至 2013 年的 40 年季后赛历史中，单场得到这样数据的除库里外仅有 1 人，那就是乔丹，1990 年 5 月 14 日，他面对 76 人砍下 45 分、6 个篮板和 11 次助攻。

随后第二战，库里回归凡间，而汤普森则引爆了一朵蘑菇云，他命中 8 个三分球，砍下 34 分、14 个篮板，其中上半场就有 29 分进账，帮助勇士将大比分扳成 1 比 1 平。

赛后，波波维奇颇为幽默地说："我认为他们俩轮流表现已经算很客气了，至少他们没有在同一场比赛中同时爆发。"老帅的轻松是缘于麾下这支王师的底蕴。

2013 年 5 月 11 日，西部半决赛第三场，马刺迎来反弹，邓肯和帕克合力砍下 55 分，更糟糕的是库里左脚踝伤势加重，最终马刺在客场以 102 比 92 击败勇士。

库里左脚踝受伤，马刺就像闻到血腥的鲨鱼，敏锐地捕捉这个机会。波波维奇令旗一挥，马刺众将纷纷冲击库里的防线。初次登上季后赛赛场的库里充分体会到 NBA 的残酷，在生死相搏的季后赛战场，没有同情与怜悯，有的只是"成王败寇"的现实。

勇士和马刺鏖战六场之后，最终以 2 比 4 败北，虽然无缘再进一步，但这支金州青年军拥有无限光明的未来。

　　库里和他的勇士终究未能跨过马刺这座高山，但他的比赛方式和罕见的能量让全世界都对他致以敬意。波波维奇直言他是个不可防守的家伙，而马刺也使出了千般本事来限制他，若不是最后时刻吉诺比利的逆天一击，胜负之数，未可知也。

　　马刺淘汰勇士，冲着总决赛去了，但这样的失败，对于库里来说，其实是一种宝贵的财富。这个赛季，才是库里时代的真正开始。

　　其实库里的爆发是水到渠成的事情，他身上有一股与生俱来的英雄气质，即便他安安静静，不咆哮，不争论，但他其实比谁都在乎篮球。

　　勇士总经理鲍勃·迈尔斯说："库里用实际行动告诉全世界，没有什么能掩盖他的天赋。主场、客场、常规赛、季后赛、双人包夹、顶级单防——他从来都不会变。哪怕是世界上最伟大的运动员，他们的信心也会动摇，但库里身上不会发生那种事情。"

全面进化

STEPHEN CURRY

2013 年夏天，库里迎来加入 NBA 以来第一个完全健康的假期，他抓紧一切时间来打磨自己的篮球技艺，整个夏天他几乎一天也没有缺席训练。

虽然库里在首次季后赛之旅中曾经一度受伤，但很快就康复了，他能够保持健康，训练师莱尔斯功不可没。是莱尔斯建议库里改用臀部力量，以此减轻脚踝的压力，库里也欣然接受改变，于是之后数年，"萌神"都在驰骋在 NBA 赛场，健康无虞。

2013 年 7 月 10 日，经过一笔涉及三队的大交易，勇士得到了安德烈·伊戈达拉。伊戈达拉的加盟，让勇士有了一份顶级强队的底蕴。他也是日后那支叱咤联盟、缔造王朝的"宇宙勇"的最后一块冠军拼图。

2013/2014 赛季，兵强马壮、阵容齐整的勇士开局并不算顺利，2013 年 11 月的战绩只有 8 胜 7 负，但这支球队的防守还不错。经历赛季初的磨合期，勇士终于步入正轨。2013 年 12 月 21 日击败湖人后，他们开始了一波十连胜。

2014 年 1 月 3 日，勇士客场挑战上届冠军热火。库里全场 22 投 13 中，得到 36 分、12 次助攻。并且凭借一波（15 投 8 中）的"三分雨"浇灭了强大的热火，此前能够在迈阿密拿到 35 分、12 次助攻以上的球员，仅有乔丹和艾弗森两大"得分狂"。

2014 年 2 月 1 日，库里在勇士对阵爵士的比赛中砍下 44 分，职业生涯总得分突破 6000 分大关，达到 6042 分，并且率领勇士以 95 比 90 战胜爵士。

2014 年 2 月 17 日，新奥尔良全明星赛，首次入选全明星的库里便成为西部首发后卫，贡献 12 分、11 次助攻，成为勇士历史上唯一一位全明星赛"两双"先生。

2014 年 3 月 1 日，勇士客场大胜尼克斯，库里前三节就砍下 27 分、11 个篮板、11 次助攻的"三双"数据，斩获职业生涯的第 4 次"三双"。库里曾在 2010 年 2 月 10 日、2013 年 11 月 4 日和 2013 年 12 月 27 日完成过"三双"。

2014 年 3 月 17 日，勇士以 113 比 112 险胜开拓者的比赛中，库里投进 6 记三分球，这样他本赛季三分球命中数达到了 212 个，加上上赛季的 272 记三分球，他两个赛季总共命中了 484 记三分球，刷新了 NBA 历史上个人连续两赛季三分球总命中数纪录。

2014 年 4 月 12 日，库里在对阵湖人的比赛中拿下 30 分、10 个篮板和 12 次助攻，

职业生涯第五次收获"三双"，带领勇士以 112 比 95 大胜缺少科比的湖人，一举锁定季后赛的席位。

库里几乎能在每一个赛季都投中刷新历史新高的三分球数，这缘于他革命性的三分球投射技艺。不同于雷吉·米勒和雷·阿伦这些传统接球投篮的三分大师，库里的投篮更具有主动性与创造力。库里更擅长运球后的三分出手，他有着无与伦比的协调性和丝般柔顺的投篮手感，这让他的运球挥洒自如。

库里的运球堪称大师水平，更重要的是，他将运球与三分出手的两个动作衔接得天衣无缝。库里似乎在运球的同时，就随时随地做好了投篮的准备。我们经常看到他运球的下一帧画面便是，手腕一抖，三分球空心入网。

虽然库里在 2013/2014 赛季三分球命中率略有下降，只有 42.4%（这个成绩给其他球员都是意外之喜），但库里强大的三分球威慑力仍然令联盟诸强瑟瑟发抖。2013/2014 赛季，库里在篮下出手率达到了 20%。上赛季只有 14%。他可以依靠对场上形势的判断，选择突破还是投篮，并不是一味出手三分球。

受限于身高，库里虽然甩掉对位者，但直接面对内线大个子冲击篮筐，并不是最佳选择。于是，他会在三分线附近过掉对位者，进入到三分线内一两步的地方。由于对方内线忌惮他的投篮，会扑出来干扰，于是库里会把球交给篮下空位的队友，也可以在对方犹豫之际突破上篮，加上越发纯熟的抛投，库里在内线如履平地。

此外，库里是投手中极少见的掌控者。在这个意义上，你可以说他是投篮键和传球键互换了的纳什。他的单手传球、脑后传球，虽然出现不少失误，但也是球队快打旋风的动力所在。当然，库里最大的威胁还是三分球，以此为强大基础，他能突破，能传球。当对手忌惮于库里在外线的强大火力时，又让库里的突破、传球都威力加倍。

2013/2014 赛季，库里实现了全面进化，以一己之力改变了人们对于射手的定义。他在该赛季场均得到 24 分、4.3 个篮板、8.5 次助攻，率领勇士取得 51 胜，以西部第六的战绩挺进季后赛，前面等待库里的是老朋友———克里斯·保罗与洛杉矶快船。

2014 年季后赛首轮，勇士与快船鏖战七场。库里场均得到 23 分、8.4 次助攻，投篮命中率达到 44%，与联盟最顶尖控卫保罗对决不落下风。但保罗率领格里芬、克劳福德等猛将再现了"天空之城"的风采，最终还是经过七番风云激荡的大战之后，以总比分 4 比 3 淘汰了崛起前夕的勇士。

值得一提的是，此后勇士傲然崛起，整整 5 年在西部季后（系列）赛未逢一败。

第三章
王者之路

斯 蒂 芬 · 库 里 传

水花初溅

STEPHEN CURRY

　　早在 2012 年 3 月埃利斯走后，克莱·汤普森就逐步成为库里的后场搭档，人们把他们叫作"水花兄弟"。这是联盟中令人闻风丧胆的一对后场组合，"水花兄弟"的连环神射，弹无虚发，联手掀起暴风骤雨般的三分狂潮，大有横扫联盟的趋势。

　　"水花兄弟"的绰号，源于他们都具备神奇而又顺滑的手感，能让一连串三分球空心入网，伴随着清脆响声，白色篮网自由翻卷，宛如溅起的一朵朵水花。于是勇士官方用"Splash Brother"（水花兄弟）来形容库里与汤普森的组合。

　　在一次与勇士的比赛之后，见证库里与汤普森神射威力的詹姆斯心有余悸："他们能命中很多球，我们不能指望'水花兄弟'手感不佳，只有快速回防。"

　　搭档初期，库里与汤普森以挡拆后快速三分球的"电梯门"战术闻名于江湖，而这两年间，二人相互激励、不断进步，库里的成就自然不必说，汤普森也成长为一名全明星级别的得分后卫。只要汤普森和库里站在一起，就是全联盟攻击力最强的后场组合，翻看 NBA 浩瀚史卷，如此擅长远射的二人组，前所未见。

　　如果只是射术精良，那也不算出奇，最难得的是，"水花兄弟"在出手如电的时候，还能保持着优雅的仪态和风度，抚琴鼓瑟、泼墨挥毫一般的韵致，高山流水一样的节奏，伴随着篮球唰唰命中，带动白色篮网向上卷起，真如湖中飞溅的水花一般美妙，而"水花兄弟"这样轻灵曼妙、饱含诗意的绰号，也如风吹涟漪，在 NBA 之湖荡漾开来。

　　越来越多的人承认，汤普森和库里是 NBA 的最佳后场组合，但他们之间的联系不止于朗朗上口的"水花兄弟"称号而已。他们的父亲，米切尔·汤普森和戴尔·库里，都曾以球员的身份在 NBA 取得过成功。他们都继承了父辈的篮球基因，并发扬光大。

　　2011 年勇士在第 11 顺位选中了汤普森时，球队已有埃利斯、库里两名需要球权的后卫，加入第三名外线球员有颠覆阵容平衡的风险。不过，在汤普森加入勇士时，还是受到了库里的欢迎，而埃利斯还是一如既往地排斥。

　　当汤普森来到库里身边，近距离观感颇为惊讶，"运球那么流畅，出手那么快！"

　　马克·杰克逊执教勇士后，他为库里注入了信心，要求库里带着骄傲上场。

　　杰克逊对汤普森也给予充分的信任，"我说他们两个人是 NBA 历史上最好的投射

型后场，当时没有人相信，但现在所有人都把这句话挂在嘴边。我说过汤普森是攻守兼备的顶尖 2 号位，库里是超级球星，不久的将来，我的这些话都会成真。"

汤普森在勇士的前三个赛季场均得分稳步上升，分别为 12.5 分、16.6 分和 18.4 分。汤普森之所以会取得长足的进步，源于专注：他除了醉心于心爱的篮球事业之外，没有什么兴趣爱好，偶尔打打电子游戏，仅此而已。

2012 年 3 月，勇士送走埃利斯，正式把库里作为核心，汤普森的上场时间也增多了。关于此番操作，勇士总经理给出解释，"我们在汤普森身上看到优秀得分后卫的潜质，这让我们有底气交易埃利斯。"

2013/2014 赛季，库里和汤普森的远距离投射如入无人之境，对手纷纷因此胆寒。他们一共投中了 484 记三分球，这是 NBA 历史上两人组命中数量最多的。"我会试图挤走防守人，得到最大的投篮空间。"汤普森谈到自己借掩护绕出底线时如何摆脱对手时说，"如果你挤得合适，你能感觉到自己有多少出手空间。我也不需要很大缝隙。当我感觉自己给对方的力足够摆脱了，我一定会出手。"

金州勇士开始 2014 年季后赛的征程之时，博古特因为肋骨骨折无法上场。勇士与快船大战七场，不敌对手。库里（季后赛场均 23 分、8.4 次助攻）和汤普森（16.4 分、3.6 次助攻）都久久不能释怀。

2013/2014 赛季结束的时候，库里和汤普森点燃全场的得分狂潮已经在球迷眼中成为常态，每一场比赛观众们都期待着高潮来临。"从某种意义上看，这是不幸的。作为球员，你希望得到惊喜。"格林说，"你想听到别人说，天哪，你看到了吗？看到了吗？你希望别人感受到你为了训练倾注的汗水和努力。可是现在，他们连续得到 12 分、14 分都不会让我惊讶了，因为他们就是那么强。"

科尔来了

2014 年 5 月 7 日，勇士主帅马克·杰克逊遭到解雇，这位憨态可掬的主教练执教勇士三个赛季，总战绩为 121 胜 109 负，将勇士逐步带到西部强队的序列。也正是他充分信任并授权给库里，才让这位爱徒成长迅猛，隐约有了王者之气，并初步完成勇士进攻体系的构建。库里一直支持与力挺杰克逊教练，恩师离任令库里一度非常难过。

杰克逊教练固然优秀，但管理层觉得还不够好，勇士需要更进一步成为王者之师。

2014 年 5 月 15 日，一纸 5 年 2500 万美元的合同签订，史蒂夫·科尔成为勇士新主帅。当时科尔虽然也没有执教 NBA 球队的经历，但他有着精心的准备。

科尔在面试时精心准备了《主教练，我已蓄势待发》的 PPT，内容包含领导力、关系学、分析学，甚至还有着装标准、饮食清单等细节。在长达三个小时的面试里，科尔谈到了对于每一位勇士球员的看法以及未来打法的调整，征服了勇士的管理层。

2014 年，勇士充满动荡与不安。讲到恩师杰克逊被辞退时，库里说："（解雇杰克逊）开始我并不开心，我知道科尔是一位优秀的教练，有着出色的篮球智商和背景。"

这个夏天，汤普森的名字一直出现在乐福交易的流言当中。但勇士最终还是相信库里与汤普森有可能成为历史最棒的后场组合，他们不想放弃触及历史最佳的机会。

科尔用一条短信安抚了汤普森，"你哪儿也不会去。我等不及要做你的教练了。"

2014 年篮球世界杯，库里和汤普森都戴上了金牌，夺冠后不久，汤普森就开始为即将到来的赛季做准备了。

2014/2015 赛季，科尔带领勇士取得了 NBA 最佳战绩，但他的一言一行还是低调谦逊。他说自己靠运气才成为这支球队的教练。他说所有拼图在他到来之前都已到位。他说自己只告诉球员投篮就够了。他赞扬了马克·杰克逊在他之前所做的一切。

这些大概都是事实。但谦逊之下，科尔做了许多事情帮助勇士上升到新的高度。他在芝加哥公牛和圣安东尼奥马刺打过球，他师从菲尔·杰克逊和格雷格·波波维奇。这些经历给他注入的自信是少有人能及的。如果科尔在赛季初选择了不同的思路，他也许会激起更衣室的怒火——大多数球员都反对杰克逊离开。科尔一个个联系了球员，告诉他们，金州勇士在自己眼里已经是一支优秀的球队了。科尔说，他不是救世主，因为这

支球队不需要谁来拯救。他解释说自己打算融入几个新的元素，以期勇士可以继续进步。

科尔开始不断要求库里防守对方控卫。"对于球队队长，对于一名控球后卫而言，他愿意接受挑战是很重要的。"科尔说，"这为球队定下了很好的基调。在一些对阵当中，我们的防守可以更加坚固，因为很多球队不仅有优秀的控卫，还有一些不错的侧翼球员。让克莱防守体型大一点的侧翼球员，比错位防守好多了。"

库里这个赛季的抢断数量排在联盟前列，勇士助教亚当斯强调说，库里的抢断不会伤害防守的整体性。"他切掉的球，是对手试图越过他喂给低位的传球。"亚当斯说，"他很容易碰到这些球，造成失误，然后推动快攻。这和其他球员到自己防守位置之外试图抢断完全不同，如果那些出位的球员没能成功断球，进攻就是 5 打 4 了。"

科尔也要求汤普森多持球进攻，并学会选择传球、投篮、突破的最佳时机。"科尔教练告诉我要贪婪。"汤普森说，"也就是多突破，多上罚球线，多出手投篮。"

不断成长的年轻球队，常会碰到球员间的争执。想想魔术的奥尼尔和"便士"，想想湖人的奥尼尔和科比，甚至雷霆的杜兰特和威斯布鲁克也能算在其中。

一场比赛只有那么多的出手机会，一支球队只能开出那么大的合同，市面上只有那么多代言的机会。但是金州勇士相信，这样的争执不会在库里和汤普森之间滋生。"我从没听过斯蒂芬对谁说，'我要投那么多次篮，我要拿着球。'"汤普森说，"这也不是我处理事情的方式。我知道如果我打自己风格的比赛，不断做无球移动，我肯定能有出手机会。我们从不会想，'你看，他是球队老大'，或者'你看，大家都夸他'。我们早已抛下了心中的自负。"

"我知道我的优势。"汤普森接着说，"我知道我的持球能力和斯蒂芬不能比。我借掩护做无球移动，接球投篮更舒服。我不能站在那里等待高位挡拆。如果比赛到了关键时刻，科尔教练决定在快攻推进中为库里打一个掩护战术，我不会抱怨的。因为我知道库里吸引了对方的注意力，我就有出手机会了。我知道我的低位背打比他好，如果对方错位防守，他会意识到然后把球喂给我的。当然，我们两个有时候也会自私地找到自己的节奏，为防守施加压力。"

球队上下都认同这种观点。"库里不介意克莱投篮。"格林说，"克莱也不介意斯蒂芬投篮。如果你和他们俩一队，你又怎么会介意（球队其他人出手）呢？"

汤普森投中的球中，有大量是通过库里的助攻或者防守吸引留下的空档投中的。库里平均每场为汤普森传球 14 次，仅次于给格林的 21 次。事实上，库里还会刻意给汤普森传球让他找到手感。在那场库里打破 272 记三分球纪录的比赛后，格林向媒体透露：在第 2 节比赛中，库里主动修改了一个进攻战术，那个战术本来是为他打造的，但由于当时队友汤普森状态一般，库里为了让汤普森有机会多找找感觉便把这个战术改成了让汤普森成为进攻终结点，把机会让给了队友。"一旦汤普森手感来了，开始得分后，库里又退居幕后，甘愿把光环让给汤普森。这足以体现库里的性格，说明了他身上有很多优点。博古特为库里安排了一个战术配合，但库里又把机会让给了汤普森。"格林说。

那场汤普森单节 37 分的比赛中，当汤普森下场时，库里第一个站起来挥动毛巾，然后板凳席便接着鼓噪，全场响起震耳欲聋的呐喊声。"'水花兄弟'的定义？"他说，"'水花兄弟'就是让全世界下起三分雨，听着篮网'唰唰唰'响起飞珠滚玉似的声音。'水花兄弟'就是一对射手在篮筐 9 米开外填弹上膛，而你不敢放。"

渐入佳境

2014/2015 赛季，库里三分球命中率一度跌破四成，仅为 39.9%，但此时的库里更加全面，心智圆熟的他懂得何时调整准星。2015 年全明星周末之前，勇士已经打出 42 胜 9 负的队史最佳纪录，库里也顺理成章地成为 MVP 的热门人选。

2015 年 2 月 15 日，全明星三分球大赛在纽约麦迪逊花园广场举行。这次参赛阵容堪称史上最豪华的一届，可惜哈登、贝里内利、罗迪克、科沃尔与马修斯都在首轮出局。汤普森（首轮 24 分）、欧文（23 分）和库里（23 分）携手挺进第二轮。

在决胜的第二轮，欧文大失水准，只投出 18 分。而库里却火力全开，在满分 34 分的新赛制中，他一举投出了令人咋舌的 27 分（包括一波 13 连中）。"萌神"的神奇发挥似乎也影响到最后出场的汤普森，他发挥不佳，仅投出 14 分。

最终，库里捧起全明星三分球大赛冠军奖杯，他首次获得此项殊荣。当今最优秀的三分球射手在三分球大赛夺魁，实至名归。三分球大赛冠军只是库里的一个节点，他凭此校正好"准星"，在该赛季的下半程恢复了三分球的神准。

2015 年 4 月 10 日，勇士在主场以 116 比 105 战胜开拓者，库里砍下 45 分、10 次助攻，并命中 8 记三分球。至此，库里在本赛季共命中 286 个三分球，打破了由自己保持的单赛季三分球命中数纪录，此前纪录是库里在 2012/2013 赛季创造的，那赛季他一共投进 272 记三分球，一举打破由雷·阿伦保持的（269 记）NBA 单赛季三分球总命中数的历史纪录。

2014/2015 赛季战罢，库里场均得到 23.8 分、4.3 个篮板、7.7 次助攻，投篮命中率为 48.7%，三分球命中率高达 44.3%。率领勇士得到队史最佳的 67 胜，联盟排名第一，67 胜也是该赛季的联盟最佳战绩。

　　2014/2015 赛季，勇士扶摇直上，与新帅科尔密不可分。在科尔眼中，库里就是一位宝藏球员，即便是打高尔夫球，科尔也赞不绝口："库里的高尔夫技术令人难以置信，他的手眼协调能力无疑是最好的。"科尔决定以库里为基石打造新的赢球文化。

　　勇士以联盟第一的傲人战绩挺进季后赛，这意味着他们无论遇到谁，都将拥有主场优势。2015 季后赛首轮，勇士对阵西部第八的鹈鹕。

　　鹈鹕领衔的是"浓眉"安东尼·戴维斯，一位拥有超长臂展的内线天才。

　　尽管戴维斯在首轮场均轰下 31.5 分、11 个篮板和 3 次封盖，但遇到 MVP 级别的库里还是一筹莫展。"萌神"不仅以场均 33.8 分、5.3 个篮板和 7.3 次助攻的完美数据予以回应，还能在关键时刻做到"一剑封喉"。

　　那是 2015 年 4 月 24 日，勇士与鹈鹕的季后赛第三场。最后 5 秒，勇士落后 3 分，库里投射三分球不中，斯贝茨抢到篮板，库里瞬间又移动到左侧底角接球。

　　时间仅剩 2.8 秒，库里迎着戴维斯的长臂以及双人防守，在身体失去平衡的情况下，依靠本能出手，命中一记漂移三分球。108 平！凭借这记难度极高"绝平球"，勇士在第四节完成 20 分的追赶，并在加时赛逆转对手。

这是一场"王者天命"的碾压，4比0，库里率领勇士兵不血刃地横扫鹈鹕，挺进西部半决赛，他们的对手是"黑白双熊"镇守内线的孟菲斯灰熊。

2015年5月4日，西部半决赛第一场，勇士以101比86轻取灰熊。赛后库里收到自己获得常规赛MVP的喜讯，他获得这份殊荣可谓实至名归。

库里在2014/2015赛季表现十分惊艳，他在MVP排行榜上一直名列前茅。据统计，库里不在场时，勇士每百回合净负对手9分。当他在场上时，勇士每百回合净胜对手20分。在库里强势率领下，勇士夺得67胜的联盟最佳战绩。库里也成为第二位拿到全队得分王且率队拿到至少65胜的控卫球员，第一位是"魔术师"约翰逊。

这支由库里率领的勇士似乎不可战胜，但孟菲斯灰熊不这么认为。

5月6日，西部半决赛第二场，灰熊用充满侵略性的防守让勇士迷失方向，金州人命中率仅有41.9%，三分球26次出手投丢20个，刚刚荣膺MVP的库里也只有19分进账。

然而残酷的现实是，勇士接连输掉了第三场，当他们投出23.1%的三分命中率，让对面的"黑白双熊"合力砍下43分时，注定赢不了比赛。

第三场赛后，库里和格林来到孟菲斯当地的一家餐厅小酌了几杯。在觥筹交错之后，库里似乎找到猎熊之道：灰熊扰乱勇士节奏，我们必须重新找回自己。

西部半决赛第四场，库里上半场独取21分。球风优雅的勇士一度陷入被动，在客场面对群熊残暴的撕咬围剿，库里终于拿出MVP级别的回应。

虽然托尼·阿伦如影随形的贴防给库里造成困扰，但当库里不再执着投篮，开始主动突破时，一切迎刃而解。而他仿佛化身一把庖丁解牛的快刀，瞬间肢解灰熊。

当库里断掉阿伦的皮球，快攻飞身劈扣时；当他在第六战命中长达20米的超远三分球时，高大威猛的灰熊已轰然倒下。西部半决赛，库里场均拿下24.5分、5.0个篮板和6.5次助攻，面对灰熊固若金汤的防守他场均命中了4.3记三分球，率领勇士以4比2击败灰熊，挺进西部决赛，对手是同届翘楚哈登领衔的休斯敦火箭。

当勇士总比分以1比2落后灰熊时，"禅师"曾在推特上写道："那些靠三分球吃饭的球队，打得怎么样了？"而六场比赛过后，勇士和库里已踏上西决的赛场。

荣膺常规赛 MVP

STEPHEN CURRY

　　2015 年 5 月 5 日，西部半决赛首场战罢，大战间歇，常规赛 MVP 颁奖典礼在奥克兰会议中心举行。库里在常规赛 MVP 票选中总得分 1198 分，力压哈登（936 分），正式捧起常规赛 MVP 奖杯。库里在 2014/2015 赛季场均贡献 23.8 分、7.7 次助攻和 2.04 次抢断，虽然个人数据与哈登对比并不占优，但出色的带队成绩还是让库里笑到了最后。

　　2014/2015 赛季，库里首次成为全明星赛票王，还当选一次月最佳球员，两次周最佳球员。他不仅在个人数据方面出色，更是一名优秀的领袖。在库里的率领下，勇士取得创队史纪录的 67 胜。本赛季，库里在场上的正负值也是整个 NBA 联盟中最高的。

　　这是库里首个常规赛 MVP，也是第二位获得此奖项的勇士球员，上一次夺得常规赛 MVP 的盛况，还要追溯到 1959/1960 赛季的威尔特·张伯伦，那时勇士还在费城。

　　库里荣获 MVP 之后，弟弟塞斯自豪道：“我没想到他在 NBA 能达到这样的高度，这太疯狂了。像艾弗森和卡特这种巨星待遇，我哥如今也能享受到。”

　　在 MVP 颁奖典礼的新闻发布会，库里发表了感人至深的演讲：“我有一点紧张，这是一份巨大的荣誉。如此幸运地受到了上天的眷顾，对于今时今日的地位，我满心感激。我热爱篮球，从我两岁时起，我就开始打球。一路走来，我遇到了许多好人，他们对于这座奖杯的贡献丝毫不亚于我。”

　　在谈及父亲戴尔时，“萌神”泪洒现场：“非常感谢你，爸爸！你在场内外都是职业球员的典范，我记得你职业生涯中的很多比赛，让我得以追随你的脚步，这意味着很多。你的职业生涯让我骄傲。”库里边说边摇头，他的脑海里浮现出过去许多难忘的时光。库里饱含热泪地感慨，而在台下，库里父亲戴尔也不禁老泪纵横，那是欣慰与幸福的泪水。

　　“很多人都认为我有一位曾在 NBA 打球的父亲，这让我进入 NBA 很容易，但其实不是这样的，我花了很长时间才取得了这样的成就。过去的时光悲喜交加，很多往事不愿意提起，但今天我能站在这里领奖，心中也只有感恩。”

　　库里谈到科尔教练，充满感激之情："诚然，我们拥有一个充满天赋的阵容，但是您和教练组把这支勇士提升到一个新的高度，功不可没。这是如此特别的一个赛季，从第一天开始，您就激励我们要把握面前的大好时机。我非常享受这个赛季，胜过以前的任何时刻。"

　　科尔教练是库里的知音，他对爱徒赞不绝口："我有幸和这个联盟最优秀的几名球员一起打球，库里让我想起两个不同的球员，一个是邓肯，另一个是纳什。我在圣安东尼奥做过邓肯的队友。我在菲尼克斯管理层的时候纳什在这里打球。在我看来，他们三人身上的共同点，是由内而外的自信，这样的自信，纳什有，邓肯有，库里也有。

　　"库里在场下那么安静，那么谦逊。对我来说，这就是最强的领导力。他让我们每个人都轻而易举地相信，我们可以一起努力，一起做出伟大的成就。库里的技术和天赋都如此出众，所以我也给了他很多特权。能够执教这样一位随时愿意接受批评并总是积极做出回应的球星，真是教练莫大的福气。"

　　科尔深刻地了解库里的技术风格：不同于其他后卫喜欢用超强爆炸力轰炸篮筐，库里拥有超凡的协调性，让他的一举一动都能保持完美的平衡。运球，收球，一切恰到好处。也因此，他对投篮有着更加独到的理解，加上成倍的努力，使之臻于完美。

　　每当勇士比赛，科尔都能在内心里找到一种平静，因为他手下拥有库里，技艺已高超如斯，还会尝试着把从未尝试的东西熟练掌握，变成他的常规武器。

　　巨星与教练之间的种种关系，都可以归结于自由创造和稳定控制的平衡。精英球员进行创造的才华是不能完全控制的。每一位教练都应该在"纵容巨星挥洒才华"和"不伤害球队总体利益"之间找到平衡，而这种平衡又往往是随着场上五人的变化而变化的。而在这个权衡折中的问题上，科尔和库里的组合交出了联盟中最完美的答卷。

　　勇士还是那个勇士，阵容几乎与上赛季一样，但球队的战绩却突飞猛进，这与新帅科尔大胆变阵密不可分。与前任主帅马克·杰克逊那种凝重滞涩、传统刻板的老派战术不同，科尔在以库里作为战术基点的前提下，大胆启用格林，让他出任首发大前锋，做球队的指挥官，一举盘活了全局。

　　首发登场的格林成为球队的黏合剂，而他那激情四射、咆哮如雷的性情，给文雅的勇士注入了强悍与热血。在格林的调度统筹下，库里那划时代的三分球创造力，汤普森那历史级的接球投射，巴恩斯、利文斯顿、伊戈达拉的蓬勃火力，都发挥得淋漓尽致。

第四章
决胜西巅

斯 蒂 芬 · 库 里 传

决战西部之巅

STEPHEN CURRY

　　夺下 2014/2015 赛季常规赛 MVP，库里携新王之勇，一鼓作气以 4 比 2 逆转灰熊，杀入西部决赛。而火箭经过七场鏖战，死里逃生击败快船，跻身西部之巅。库里对阵哈登，当今联盟最炙手可热的顶级巨星终于狭路相逢。而 MVP 争夺战中，哈登惜败给库里，如今火箭 13 号终于迎来"自己要强于库里"的证明之战。

　　西部决赛，率领勇士的库里要面对休斯敦火箭和同样如日中天的哈登。

　　这是一场非同小可的大战，双方都在注视着对方的超级巨星。作为 NBA 最有价值球员，库里不再只是一位神射手，还是聪明的控球手、精妙的传球手、可靠的防守人。然而大多数人对他的认知，仍源于那些手指尖喷发火焰的疯狂时刻。

　　作为火箭的核心，哈登是当今联盟一对一最难防守的球员之一，也是最会造犯规的球员。火箭在哈登的率领下，强势逆袭。首轮以 4 比 1 轻取小牛，西部半决赛在以 1 比 3 落后的颓势下，一举打出三连胜，以 4 比 3 逆转快船，挺进西部决赛。

　　当打不死的"得州小强"遇到巅峰勇士，注定是一场火药味十足的鏖战。这种火药味从第一场赛前寒暄时就开始涌现。

　　2015 年 5 月 20 日，西部决赛第一场在奥克兰的甲骨文球馆进行。火箭阵中"喷气机"杰森·特里在第三节连得 5 分，嚣张地跑到库里面前秀出他右臂的总冠军奖杯文身，再现当年小牛超级第六人的桀骜风骨。这种挑衅也提前唤出"库里时刻"，库里连中 3 记三分球，率领勇士开启了"勇三疯"模式，最终勇士在主场以 110 比 106 战胜火箭。

　　全场砍下 34 分、6 个篮板、5 次助攻的库里成为西决首胜的关键。

　　这一战哈登贡献 28 分、11 个篮板、9 次助攻以及 4 次抢断，并且在末节上演了 4 分钟内独揽 10 分的好戏，即便如此，也未能阻挡勇士通往胜利的脚步。

　　2015 年 5 月 22 日，西部决赛第二场比赛，库里与哈登的对决渐入佳境。哈登第一次出手就打成了 2+1，库里马上回应了一个突破抛投。

　　库里的手感如暴雨倾盆，只要一个契机，他就能来一场劈头盖脸的"三分雨"。第一节还剩三分钟时，库里投出第一波"三分雨"，连续扔进 4 记三分球，每一次出手都

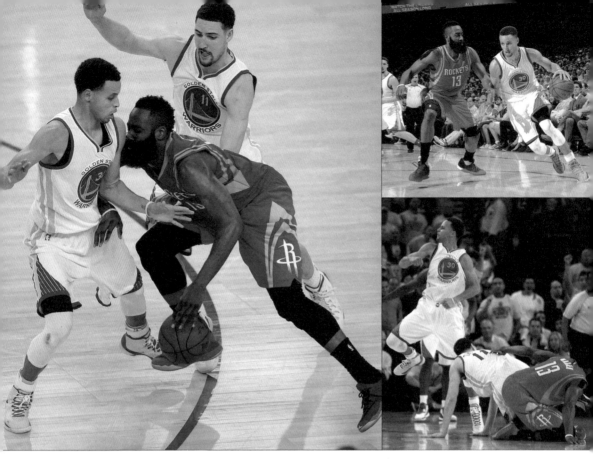

快如闪电，勇士也由此拉开了比分。

哈登个人进攻秀同样精彩绝伦，瞬间抹平了 10 分的分差，库里和哈登不愧是后卫线上的"绝代双骄"，在这场势均力敌的交锋中，谁也无法彻底压制对手。

比赛最后 40.6 秒，火箭只落后勇士 1 分。勇士组织起半场进攻，巴恩斯底线突破上篮不中，被哈登抢下篮板。比赛还剩下 9 秒，火箭有望完成最后的绝杀。

哈登迅速发起快攻，在前场遭到汤普森和库里的包夹，不得不将球传给右侧三分线上的霍华德。霍华德在接球后由于没有信心而未能出手，只能将球传回给哈登。在"水花兄弟"的包夹当中，哈登没有出手机会。9 秒时间耗尽，终场哨声响起，哈登跟跄倒地。在最后一攻中竟然无法出手，这位"大胡子"懊恼无比，用手猛捶地板。

最终，勇士在主场以 99 比 98 险胜火箭，赢得第二场胜利。库里得到 33 分、3 个篮板、6 次助攻，连续第三场得到至少 30 分，表现得异常稳定与强大。

尽管哈登在第二战取得 38 分、10 个篮板和 9 次助攻的华丽准"三双"，但最后的致命失误断送了自己的所有努力。火箭以 98 比 99 惜败给勇士 1 分。如果不是最后一攻的失误，哈登也许可能成为西决 G2 的英雄。

断箭之勇

如果说西部决赛前两战，火箭与勇士尚有一战之力，那么第三战回到休斯敦丰田中心的火箭却遭遇"滑铁卢"，他们以 80 比 115 大败于对手，可谓瞬间崩盘，一溃千里。

2015 年 5 月 24 日，西部决赛第三场，勇士客场挑战火箭。库里并不一味抢攻，而是多次分球给队友。盘活全队之后，库里也可以得到外线轻松投篮的机会。

第二节，库里借助"电梯门"双掩护在三分线两步之外命中一记超远三分球，单赛季季后赛三分球总命中数提升到 59 记，超越雷吉·米勒（58 记），独享 NBA 历史第一。值得一提的是，米勒投中 58 记三分球一共用了 22 场比赛，而库里只用了 13 场。

在库里和全队神勇发挥下，勇士上半场就领先火箭 25 分。下半场则成了库里暴风骤雨般的"三分秀"，他甚至不惧对抗，频频用瘦弱身躯去冲击火箭的禁区。

格林在下半场的一次进攻中投篮不中，库里如泥鳅般溜进内线，卡住霍华德，左手揽下前场篮板，然后拉杆上篮。"魔兽"恼羞成怒，将库里一把拉下，霍华德的粗野犯规也折射出当时火箭全队濒临崩溃的心境。

这场大胜，勇士打出了机智、活力十足、换防频繁的防守，让火箭头疼不已。在进攻端，除了三分投篮，他们的其他方面的表现也远胜对手。

库里打出了最为出色的上半场，得到 18 分，贡献 4 个篮板、5 次助攻，没有失误。数据还不足以展现他的统治力，库里的表现令火箭头疼不已，他像纳什那样运球沿着底线来回游走，如入无人之境。他还有一手运球后突然起手三分投篮的绝活。

在第三节，库里表现相当惊艳，独得 19 分。最终，库里三分线外 9 投 7 中，全场出手 19 次，得到 40 分。

赛后，库里透露了爆发的原因：在客场作战，有一位激进的火箭球迷冲他爆了粗口，库里决定用神级表现回应他。在命中一记底角三分球之后，库里转身朝向这位球迷，示意他冷静"坐下去"。这一次，库里成为"客场消音器"。

第三战，库里在场上的杀伤力不只在三分线外，而是全方位无死角模式。他也在三秒区内接连投进了 5 个球，迎着休斯敦长人如林的防守命中了一连串令人咋舌的上篮。

库里在场上无解进攻奠定了胜利的基调，而巴恩斯主防哈登，其他勇士球员协防的防守策略，也让火箭失去反扑的利器。哈登在本场 16 投仅 3 中，依靠罚球得到 17 分。

库里全场 19 投 12 中，三分球 9 投 7 中，豪取 40 分、5 个篮板、7 次助攻。他也成为继传奇球星里克·巴里之后，首位在分区决赛得分 40+ 的勇士球员。

此时，火箭已经以大比分 0 比 3 落后，形势不容乐观，如果不能在主场扳回一城，那么就将被淘汰。身陷绝境，"得州小强"的特质突显，休斯敦人酝酿着一场红色风暴。

2015 年 5 月 26 日，西部决赛第四场。火箭主帅麦克海尔忽然变阵，启用约什·史密斯和特里的组合主攻，球不经过哈登的手，火箭角色球员们在攻防两端都迸发出巨大能量，打出了一波 19 比 3 的超级冲击波。库里给出强势回应，连续投进三记三分球，率领勇士渐渐追上比分。

第二节第 5 分 52 秒，阿里扎捡漏上篮，奋力补防的库里飞得太高，直接从阿里扎头上越过之后，脚却被对手挂到，身体失去平衡，重重砸在地板上。

宛如遭遇一个过顶摔，库里的肩部、头部结结实实撞在地板上，从一个扣篮的高度头下脚上倒栽葱摔在地板上。这个变故惊呆所有人，无论是队友、对手，还是火箭主场的观众，乃至于在屏幕前观战的所有球迷。

新科 MVP 就这样陡然受伤，黯然离场。如果库里因伤缺席余下季后赛的比赛，不仅影响勇士的前途、总冠军的归属，甚至连篮球这项运动都会受到巨大的损失。

彼时，库里回到更衣室继续检查。所有人都在焦急地等待，等待着那个瘦削灵动的身影重新回到场上，库里的父母也站在等待的人群中。

第三节下半段，库里在一个暂停后再次披挂上场，他不断扭动头部，凌空摔倒的伤害看来不轻。库里一上场就对琼斯命中一记三分球，宣告 MVP 归来。库里回来鼓舞了勇士的士气，全队发力一度把比分追到了 6 分以内。但"魔登组合"哈登和霍华德在下半场迎来了爆发，率领火箭以 128 比 115 战胜勇士，总比分扳回一城。

库里并没能上演踩着五彩祥云回来拯救世界的好戏，但表现足够优秀。他遭遇意外之伤，但带伤依旧能够投中 6 记三分球，拿下 23 分、4 次助攻。对方主将哈登在第四场终于迎来爆发，独砍 45 分，打出本次西部决赛表现最好的一场比赛。

"虽然输掉这场比赛，但很幸运伤势并不严重，我很期待下一场。"库里在赛后谈起这次职业生涯中最危险的受伤遭遇，"这次我在空中停留了很长时间，落地的姿势不

可控制，冲击也不可避免，我只能尽量保护自己，这的确是非常可怕的感觉。"

2015年5月28日，西部决赛第五场。勇士要终结赛事，而火箭却要死磕到底。

科尔羽扇轻挥，已有克敌之计：火箭成也哈登，败也哈登。哈登既是球队的发动机、指南针，也是冲锋枪，只要限制了哈登的挡拆进攻，火箭便会一筹莫展。

在勇士全队严防死守之下，哈登继上一场砍下45分之后，本场表现不佳，11投只有2中，拿下14分、6个篮板、5次助攻，还出现个人最高的12次失误。

勇士的防守策略成功限制了哈登，这位火箭唯一的组织者，他不能制造犯规，也不能顺利切入篮下，总是被困入中距离的陷阱，传球被断，被反击。

而库里在这场比赛中，摇身一变：少持球，多空切，从火箭的防守缝隙中来回游走，像一位无法捉摸的"隐形人"。库里全场21投7中，轻取26分，还贡献8个篮板、6次助攻和5次抢断，生动地诠释了全能型无球大师的风采。

西部决赛第五场战罢，最终勇士以104比90战胜火箭，以总比分4比1淘汰对手，夺得西部冠军，挺进总决赛。

接下来，勇士将与詹姆斯领衔的骑士在总决赛中展开巅峰对决。值得一提的是，上次勇士杀进总决赛，还是40年以前（1975年）的事情。

在这轮西部决赛中，库里场均砍下31.2分、4.6个篮板、5.6次助攻、2.0次抢断，并且打破米勒保持的单赛季季后赛三分球命中纪录。在与常规赛MVP最大竞争对手哈登的直接对话中，力压对手，率领勇士挺进总决赛。

毫无疑问，哈登同样是MVP级别的球员，但在这个·系列赛中，库里比他更配得上这个荣耀。MVP不只是一个锦上添花的装饰，更是一个救球队于水火之中的爆发，特别是最后一战，哈登彻底输给了库里。

这个系列赛的过程并不像最终的比分那样一边倒，场上场下充满着激烈的对抗，库里第四战轰然落地的摔倒，第五战比赛中，汤普森头部被阿里扎的膝盖撞破缝了三针，伊戈达拉也遭遇霍华德肘击，这些都给接下来的总决赛带来了不小的隐患。

赛后，库里开心地出席赛后采访，"今天我为全队的努力感到非常骄傲，我们是一个很有凝聚力的团队，我相信我们会做好击败骑士的一切准备！"

第五章
生涯首冠

斯 蒂 芬 · 库 里 传

阿克伦内战

STEPHEN CURRY

　　2014/2015 赛季之初，也许没人能预测到勇士能杀入总决赛，因为自从 1975 年夺冠之后，他们就再也没有打过总决赛这样的高端局。整整 40 年勇士大部分时间都是在"乐透区"中挣扎，仅有 10 次季后赛的经历。2007 年，勇士虽然打出惊艳无比的"黑八奇迹"，但那被世人看作只是昙花一现的表演，并没有实现通向豪强阶层的跃升。

　　然而，到了 2015 年 6 月，勇士彻底打破传统弱队的壁垒，如一个被冰封的王者，再次披上了铠甲，拿起宝剑，以全新的姿态出现在人们的视野之中。

　　库里率领勇士挺进总决赛，对面是统领骑士的勒布朗·詹姆斯——当今篮坛第一人。2014 年夏天，詹姆斯从迈阿密回到家乡克利夫兰，并承诺为家乡夺得总冠军。

　　库里与詹姆斯，两位在今后十年轮流统治联盟、并不断上演巅峰对决的王者，竟然渊源极深，因为他们都是阿克伦的孩子，都出生在同一家医院。1984 年 12 月 30 日，詹姆斯在阿克伦城市医院顺利出生。而 1988 年 3 月 14 日，库里也在阿克伦城市医院呱呱坠地。如今，这家普通的小医院因为詹姆斯、库里两大 MVP 而声名大噪。

　　2015 年 6 月，库里与詹姆斯，两位"阿克伦之子"将要在总决赛舞台上一决高下。这既是 MVP 老乡之战，也是两种篮球体系的交锋。骑士在东部决赛横扫老鹰，早早站在总决赛的门口等待对手，但却是强弩之末。凯文·乐福因为肩伤而赛程报销，欧文也在总决赛第一场就受了伤，骑士"三巨头"名存实亡。

　　而勇士的状况也不容乐观，库里那一次空中摔倒显然会影响到他的发挥，而汤普森也在西部决赛中被阿里扎的膝盖顶中头部，引发了脑震荡。另外，NBA 历史上还有一个魔咒——当季常规赛 MVP 从未获得过总冠军。

　　面对这样一次总决赛之旅，双方的两位巨星都非常谨慎，詹姆斯曾经四次获得常规赛 MVP，两次总决赛 MVP，库里是新科常规赛 MVP。西部决赛当中，库里场均能够得到 31.2 分，三分球命中率接近 50%，詹姆斯在东部决赛当中场均打出 30+11+9 的数据，场均接近"三双"，两位都是当之无愧的联盟最强球员。

　　勇士时隔 40 年后重回总决赛，而克利夫兰骑士已经 51 年没有染指总冠军了，所以双方都志在必得，这注定是一场火星撞地球般的比赛。

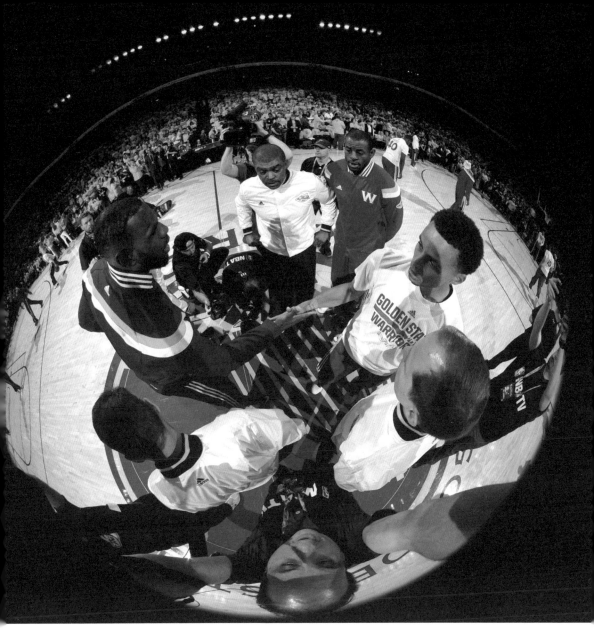

　　2015年6月5日，万众瞩目的总决赛首战在奥克兰甲骨文球馆打响。欧文与汤普森均带伤出战，双方尽遣主力，准备全力一搏。嘻哈天后蕾哈娜是詹姆斯的球迷，坐在场边为骑士摇旗呐喊，但她的风头被105岁的斯维蒂老奶奶（勇士球迷）所盖过。

　　欧文左膝和右脚都有伤，虽然斗志昂扬，但伤病还是影响了状态。他全场拼尽全力，拿下23分、7个篮板、6次助攻，并在常规比赛最后一刻，封下库里的跳投，终结了勇士的绝杀梦，把比赛带入了加时。加时赛还剩下两分钟时，欧文滑倒扭伤膝盖，被迫离场治疗，然而这次离场，留下了他在2015年总决赛舞台的最后一个背影。

　　詹姆斯在本场比赛砍下个人总决赛新高的44分，还贡献8个篮板、6次助攻。在总

决赛的历史上，能够单场砍下 44+8+6 数据的球员，在他之前，只有乔丹。

1993 年 6 月 13 日，乔丹在迎战太阳的比赛中砍下了 44 分、9 个篮板和 6 次助攻。巧合的是，22 年前，乔丹的超级数据未能帮助公牛击败太阳，而 22 年后，砍下 44+8+6 的詹姆斯也同样没能率领骑士击败勇士。总决赛第一场，乐福因伤高悬免战牌，欧文复伤憾别赛场，骑士"三巨头"只剩下詹姆斯，彼时的"皇帝"可谓拔剑四顾心茫然，无比孤单与无助，无奈吞下失败的苦果。

库里在总决赛第一场异常活跃，不断冲击骑士的防线，他跳投、上篮，三分球连中，一度连得 14 分。在关键的第四节，尤其是终场前 3 分 30 秒，正是库里在罚球线的跳投得分帮助勇士以 94 比 93 完成了反超，终场前 53 秒，又是他在罚球线的急停跳投让球队以 98 比 96 领先。而在加时赛中，库里面对没有控卫的骑士，面对强弩之末的詹姆斯，更是丝毫不手软，策动球队打出 7 比 0 的高潮，直接带走了胜利。

整场球，詹姆斯打出了英雄一样的表现，但很遗憾，在他身边，缺少队友的支援。加时赛上的 2 比 10，足以看出两个团队整体实力的对比。在关键时刻，很明显分出了胜负，欧文的再次受伤更加让骑士雪上加霜。

库里全场砍下了 26 分、8 次助攻。最终，勇士在主场以 108 比 100 战胜了骑士，以 1 比 0 领先。

骑士的反击

2015 年 6 月 8 日，总决赛第二场，勇士依旧在主场迎战骑士。欧文遭遇膝盖骨折，赛季报销，詹姆斯只能独自率队对抗勇士。骑士主教练布拉特令旗一挥，把澳大利亚籍球员德拉维多瓦推到首发控卫的位置，来顶替欧文，这是无奈的变阵，却收到奇效。

没有想到，那位相貌平平、球风朴实的澳大利亚小个子居然会给库里带来大麻烦。无论勇士设下多少道掩护，无论库里跑位多么刁钻，德拉维多瓦始终在他身前，不断干扰，这种如影随形的窒息贴守让库里投篮倍感艰难。

在德拉维多瓦严防死守下，库里上半场 10 投仅 2 中，三分球 7 投 1 中，只拿下 8 分、2 次助攻，大失水准。而德拉维多瓦虽然一分未得，但确实是骑士的重要功臣。

库里在比赛最后时刻终于爆发，他先是命中一记关键三分球，最后还奉献一次蝴蝶

穿花般的上篮表演，连得 7 分后，把比赛拖进加时赛。

　　前两场都打进了加时赛，足见此次总决赛的焦灼与惨烈。在进攻端失去帮手的詹姆斯得分更加坚决。仅仅上半场，詹姆斯就拿下 20 分、6 个篮板外加 6 次助攻的恐怖数据，也正得益于此，骑士在上半场一直保持着比分的领先。

　　即便库里在第四节找回手感，率领勇士扳平比分，但到了加时赛，詹姆斯一直牢牢控制局面，最终率领骑士以 95 比 93 险胜勇士，将大比分扳成 1 比 1 平。此战，詹姆斯全场轰下 39 分、16 个篮板、11 次助攻，这是他总决赛第 5 次、季后赛第 13 次轰出"三双"，总决赛的"三双"次数高居历史第二，仅少于"魔术师"的 8 次。赛后，鏖战 50 分钟，拼尽全力的詹姆斯挥拳庆祝，德拉维多瓦拼到腿部抽筋，骑士惨胜。第三战回到克城，两队以 1 比 1 在同一起跑线上。人们意识到：总决赛才刚刚开始！

　　库里在第二场中三分球 15 投仅 2 中，而 19 分、6 个篮板、5 次助攻的数据不足以率领勇士在高端局中获胜。他的低迷状态被舆论推到风口浪尖，某些媒体又开始搬出"投

篮'杀不死'对手""三分球不可能夺冠"的陈词滥调，以彰显他们的专业性。

　　库里的低迷源于骑士澳大利亚控卫德拉维多瓦的贴身防守，还是西部决赛第4场那一次头部着地的摔倒影响了库里的状态？数据显示，在库里那次重摔之后，他的三分球命中率出现了明显下滑，低到了27%。

　　带着这些疑问和猜测，2015年6月10日，总决赛第三战在克利夫兰速贷中心打响。

　　第三战再次走入了上一场的节奏，库里继续慢热。他第一节竟然只是在圈外游走，所有人都以为库里会在本场找回消失的手感，然而王者归来的场景并未发生。面对德拉维多瓦的纠缠，库里显得无所适从，整个第一节，库里5投仅1中，拿下3分、3个篮板和3次助攻。第二节悲剧还在继续，库里在德拉维多瓦的干扰下1分未得。

　　所有人都在等待库里的苏醒，不过库里却依然如故，骑士将分差一度拉开到20分，比赛进入第四节，库里才有所觉醒，一次干拔命中三分球，一次轻巧反身上篮，把比分缩小到76比79。终场前2分46秒，库里在狭小的包夹圈中拉出空间命中三分球，把比分追到80比81，仅1分之差。但接下来库里的背后运球失误葬送了触手可及的胜利。

　　最终，骑士主场以96比91击败勇士，总比分2比1反超。

　　此战，库里全场砍下了27分、6个篮板、6次助攻，末节狂飙17分并命中5记三分球让人震惊于他的得分爆炸力，但这手感来得太晚。

　　詹姆斯依旧勇不可当，他全场砍下40分、12个篮板、8次助攻、4次抢断和2次盖帽。总决赛前三场，他总共轰下了123分，成功超越1967年的里克·巴里，创造了总决赛前三场总得分的历史新纪录。德拉维多瓦同样发挥神勇，他不但在防守端再次给库里制造了巨大麻烦，进攻中还得到了全队第二高的20分，送出4次助攻，抢到5个篮板。

　　比赛最后51.3秒，詹姆斯两次抢断了库里——一次倒地抢断，一次冲刺抢断——凭借这两次抢断最终锁定胜局。比赛最后有一个片段意味深长：当詹姆斯第二次抢断库里之后，指了指自己的脑袋，似乎告诉对手，打球需要智慧。

　　勇士虽然输掉第三场，但他们在大比分落后的情况下，打出气势如虹的反击潮，并将比分追到只差1分，其表现足以令人欣慰。更可喜的一点，库里在最后一节独得17分命中5记三分球，终于找回那久违的手感。

箭开天王山

STEPHEN CURRY

连输两场，勇士以 1 比 2 落后，然而此时的库里似乎彻底放松了，他认为勇士在第三场的末节找回了应有的节奏。"我们在第四节打得很有侵略性。如果我们想赢球，我们需要打得更自如，同时也更具侵略性。"

人们都认为库里手感低迷是德拉维多瓦的功劳。但巴克利却说出不同论调，"我认为德拉维多瓦不值得那么多的称赞，从整体来说，库里能够完爆德拉维多瓦，他只是投丢了一些球而已。作为一个投手，手感总会有起伏，库里只是手感不好。德拉维多瓦并不是他投丢球的主要原因。"

前三场总比分 1 比 2，并不是两队实力的真实反映。勇士输球的两场，都是因为自己出现重大失误，有很大纠错的空间。而骑士则是拼尽全力，詹姆斯在第二场出场超过 50 分钟，德拉维多瓦则拼到抽筋，可谓是强弩之末。

2015 年 6 月 12 日，总决赛第四战。科尔果断变阵，伊戈达拉顶替博古特进入首发，让他来担任组织前锋的工作，解放库里的无球能力，并且，适当的时候，对詹姆斯采取坚决的包夹。这次变阵堪称经典，"死亡五小"正式浮出水面。

"死亡五小"，顾名思义，就是勇士撤掉内线，放弃高度，利用速度、精准来克敌。库里、汤普森、巴恩斯、伊戈达拉、格林五位身材不高的球员联袂登场。

伊戈达拉的首发登场彻底瓦解了骑士的赌博式防守。一旦他让勇士的球在五个人之间流畅地转了起来，浑圆如太极，无穷如天地，骑士的防守再强悍，也只能疲于奔命。

库里本场回暖，出战 41 分钟，三分球 7 投 4 中，贡献 22 分、7 次助攻。并且他今年的季后赛总得分达到 532 分，成功超越 1967 年巴里的 521 分，书写了勇士队史单赛季季后赛总得分的新纪录。

"死亡五小"是科尔的神来之笔，让库里成为战术诱饵，吸引对手重兵包夹。而伊戈达拉可以乘虚大杀四方。这样快速机动的战术阵容让骑士措手不及，直接引发了末节的崩盘。詹姆斯遭遇到大麻烦，在面对勇士的小个阵容和包夹之时，他只能将球交给队友，但个人的进攻效率却大受影响，全场 22 投仅 7 中。

　　勇士最终在客场以 103 比 82 大胜骑士，将总比分扳成 2 比 2 平。

　　接下来，总决赛第五场：一场决定比赛关键走势的"天王山之战"。

　　2015 年 6 月 15 日，总决赛第五战在奥克兰的甲骨文球馆打响。回到主场，库里终于找到火热的手感，他单场轰下 7 记三分球，拿下 37 分、7 个篮板和 4 次助攻，完全统治了比赛。库里不再执着于一对一和德拉维多瓦蛮干，而是减少持球，四处无球跑位，伺机突袭。德拉维多瓦的牛皮糖式防守失去了以往的神奇效果。

　　上半场库里 9 投 6 中，三分球 4 投 3 中，砍下 15 分。到了第四节，库里火力全开独得 17 分，率领勇士将优势转为胜势。终场前 2 分 44 秒，库里利用娴熟的技术摆脱了德拉维多瓦的防守，仅仅获得一步的出手空间后果断投篮，在右侧底角命中一记三分球。

　　此球命中，勇士的领先优势达到 10 分。而终场前 1 分 22 秒，库里又完全不讲理地拨起远投，命中一记三分球，直接收割了比赛的胜利。最终勇士以 104 比 91 大胜骑士，库里成为有史以来首位在单轮总决赛中第二次单场命中 7 记三分的球员。

　　德拉维多瓦的防守方式和习惯早被勇士吃透，库里频繁地穿插跑动和切入让他有机会更多地完成上篮，而逐渐恢复自信的库里面对德拉维多瓦的单人防守也更有自信完成三分出手——全场 13 投 7 中的库里完全恢复到了自己正常的命中率状态，这也让骑士无从招架，而最后 4 分钟的华丽表演，更是让库里成为当仁不让的骑士杀手。

　　詹姆斯在上半场就砍下 20 分、8 个篮板外加 6 次助攻，但即便如此，骑士仍以 1 分落后进入了下半场，而下半场的他似乎已经透支了体力。詹姆斯全场 34 投 15 中，拿下 40 分、14 个篮板和 11 次助攻，打出今年总决赛第二个"三双"。

　　詹姆斯纵然有通天神力，却无力回天，骑士输掉了"天王山之战"。

　　库里在"天王山之战"拿到总决赛个人新高的 37 分，是自 1975 年巴里（38 分）之后，勇士球员在总决赛中单场得到的最高分。渐入佳境的"萌神"率领勇士在第五战击败骑士之后，总比分变成 3 比 2，距离总冠军更近了一步。

勇冠天下

STEPHEN CURRY

2015 年 6 月 17 日，总决赛第六战打响，彼时胜利的天平已经向勇士倾斜。

纵然詹姆斯拿下 32 分、18 个篮板和 9 次助攻，依然是"这个星球上最好的球员"，但当他带领残阵骑士去挑战"这个星球上最好的球队"时，依然毫无胜算。毕竟，篮球是一项团队的运动。

库里在勇士的战术体系中显得那么轻松自如，轻松拿下 25 分、6 个篮板、8 次助攻，最终勇士在客场以 105 比 97 击败骑士，从而以总比分 4 比 2 击败对手，夺得队史近 40 年来的第一个总冠军。此役，勇士除了库里，伊戈达拉贡献 25 分、5 次助攻，格林得到 16 分、11 篮板、10 助攻的"三双"数据，完美地诠释了团队的力量。

库里从第三场第四节开始调整自己的打法，不再去和自己的手感较劲，开始放弃球权，施展自己最擅长的无球走位，借着队友的掩护满场穿梭，让德拉维多瓦迷失在勇士内线丛林里，而库里借着"电梯门"战术抬手就射，为勇士点燃了夺冠的曙光。

毫无疑问，库里是勇士夺冠的基石，但总决赛 MVP 还是被充满偏见的评委们颁给了伊戈达拉，理由是后者在勇士变阵成为首发后，"硬刚"詹姆斯成为比赛的胜负手。对此，勇士主帅科尔回答耐人寻味，"总决赛 MVP 可以颁给库里，也可以颁给詹姆斯，但颁给伊戈达拉很合适。他是一位全明星球员，但甘心做替补，这样高风亮节的态度，为我们最终夺冠奠定了基调。"

库里没有捧起总决赛 MVP 奖杯，令无数球迷意难平。然而，只有 26 岁的"萌神"率队登上巅峰，已足够伟大。那一夜，漫天彩带飘飞，勇士诸将相拥而庆。

库里怀抱总冠军奖杯，笑意盎然。

2015 年 6 月 17 日，勇士在客场以 105 比 97 战胜骑士，以总比分 4 比 2 淘汰对手夺得总冠军。这是勇士自 1975 年来首次夺冠，间隔整整 40 年，成为史上两次夺冠相隔时间最长的球队。

夺冠后的碎碎念

回看 2015 年总决赛，就会发现伊戈达拉的这座 FMVP 奖杯有些离奇：科尔在总决赛第二、第三场连败之后，彻底放弃大个子阵容，把小前锋格林顶到中锋位置，让伊戈达拉出任首发。勇士使用搏命式"死亡五小"阵容，放弃内线防守，用速度和机动性与骑士死磕，用暴风骤雨般的进攻将对手拖垮。

伊戈达拉进入首发阵容，让库里多打无球，释放全队的进攻火力。这场本该是詹姆斯和库里的巨星对决，却成就了伊戈达拉的奇兵突起。

库里在总决赛表现绝对是 MVP 级，他场均得到 26 分、5.2 个篮板、6.3 次助攻、投中 4.2 记三分球。更为关键的是，库里在场上就是一种威胁，迫使骑士时刻用重兵夹击，这样骑士才暴露破绽，让伊戈达拉们有了空位出手的时机。

凭借对詹姆斯的成功防守和关键场次的出色发挥，伊戈达拉荣膺总决赛 MVP，这是 21 世纪最为励志的传奇，一个常规赛的替补球员，却在总决赛中成为王牌主角。

库里的杀伤力就像变幻莫测的小李飞刀，看不见摸不着，却始终能感受到那森森的寒意。在悄然无声间，库里用神乎其技的三分球开启了一个新时代。

2015 年率领勇士夺得总冠军，远远不是库里的终点，他不是总决赛 MVP，却比总决赛 MVP 更有统治力。篮球不会撒谎，库里早已征服了全世界，却唯独征服不了总决赛 MVP 的评委席……

且把总决赛 MVP 的事情抛在一边，因为更多的幸福就在眼前，

库里的脸上洋溢着孩子般的天真笑容。当库里捧起总冠军奖杯的那一刻，感觉所有的付出都值得。

飞舞的彩带，狂喷的香槟，疯狂拥抱着的队友和教练，库里在美梦中沉醉。

勇士的专机到达奥克兰机场后，第一个走出来的就是库里，他手中的奥布莱恩杯在加州的阳光下闪耀着炫目的金色光芒。

在《我们是冠军》的歌声伴随下，欢迎的人群簇拥着球员和教练，纷纷合影留念，格林形容："感觉我们在云霄之上。"

库里被金州的人们彻底打动了："这一幕我会铭记余生。"

当然，这只是幸福的起点。

2015年6月20日，勇士在奥克兰市举行了盛大的庆典游行。50多万名球迷涌上街头，夹道欢迎凯旋的勇士。在游行的大巴上，球员们满面春风。

奥克兰市长比利·沙夫也献上祝贺："勇士的成功，为这座城市提供了一个千载难逢的机会。我们为是这座城市的一员而感到自豪。"

库里虽然没有成为总决赛MVP，却成为万众的焦点。勇士球迷的眼睛还是雪亮的，用实际行动回击了总决赛投票的那些专家们，他们给出了最佳的答案。

真正的赢家

2015 的夏天，库里包揽 ESPY 年度最佳 NBA 运动员奖和最佳男运动员奖，还收获了美国儿童选择奖的"魔鬼步伐"、年度关键球员和最佳男运动员三项大奖。之后他又在首届 NBA 球员工会的颁奖典礼中，囊括了关键先生和最难防守奖。如果加上全明星赛三分王、常规赛 MVP 与总冠军，库里无疑成为 2015 年度上半年的最大赢家。

此外，这位红得发紫的 MVP 似乎得到上天垂青，在这个繁花似锦的夏天，二女儿莱恩平安降生，如天使般的小公主成为这位暖心萌爸的又一份大奖。

率领勇士赢得总冠军，奖杯拿得手软，迎来了心爱的小女儿，还和奥巴马一起打高尔夫球，彼此谈笑风生，库里成了真正的赢家。

除了那些固执的专家，在全世界球迷的心中，库里早已是光芒万丈的新偶像。在ESPN 进行的一份最受欢迎 NBA 球员的调查问卷中，他力压詹姆斯夺得头名。

库里并不依靠身体打球，并不是典型的美式篮球运动员，他身高不过 1.91 米，体重只有 84 公斤。拥有一个"平常人"身材的库里，却能在巨人如林的 NBA 获得如此巨大的成功，这样的励志传奇，更容易点燃普通人的篮球梦。

库里拥有数以亿计的球迷，分布在世界的每个角落。球场上越来越多的孩子穿上 30号球衣，学着库里轻盈自如地运球，闪电般地投射三分球。

这位眉眼如画、球风俊逸的娃娃脸球星，谦虚内敛，却爱卖萌搞怪。他如蝴蝶般飞舞在 NBA 的巨人阵中，自由纵横，令对手束手无策，旋即投出一连串的三分球，让记分牌欢快地跳动，令人观之如沐春风，这是一种前所未有的体验。

这个夏天，我们见证了最好的库里。

库里时常回忆这个梦幻的夏天："感觉就像是一阵风，我还会想起那些画面，我真的为那些成绩感到骄傲。我 22 岁来到这个联盟，每一年都想变得更好一些，我的目标是赢得冠军，我从没有把赢得 MVP 当作自己的目标。"

第六章
颠覆潮流
斯蒂芬·库里传

王者的证明

STEPHEN CURRY

也许是受到勇士夺冠的刺激，西部诸强在 2015 年休赛期进行了疯狂的军备竞赛，马刺、快船、火箭都在强队的基础上升级配置，而勇士并没有太多变化，他们完成了与德雷蒙德·格林的续约，合同金额为 5 年 8500 万美元。

库里获得常规赛 MVP 和总冠军之后，人们对他多了一份敬畏与期待，敬畏他统治比赛的方式，也期待他能够打出更精彩的表现。2015 年勇士夺冠之后，库里已经是无可争议的超级巨星，但问题是——他的极限在哪里？他还能给大家带来什么样的惊喜？

当然，也有人唱反调，譬如快船主教练道格·里弗斯，"库里和勇士夺得总冠军主要靠的是运气，他们没有在季后赛碰上马刺和我们这样的球队。"

某些媒体甚至把库里排在现役球员实力榜的第四位置，在他前面的是詹姆斯、杜兰特与安东尼·戴维斯。制造那份排名的资深篮球专家们，永远喜欢将那些高大强壮的家伙排在前面，身材瘦小的库里在他们的潜意识中受到了轻视。

库里显然不高兴了，于是从 2015/2016 赛季的第一场常规赛开始，他就率领勇士打出令人瞠目结舌的比赛，彻底击碎了那些顽固派的篮球观。

2015/2016 赛季，勇士可谓兵强马壮，但 50 岁的主帅科尔却因为椎间盘手术而被迫放下教鞭，勇士首席助理教练卢克·沃顿代为执教，这让新科总冠军勇士的卫冕之路出现了些许变数，不过，他们还有库里。

2015 年 10 月 28 日，新赛季揭幕战，也是总冠军戒指的颁奖之夜。勇士在主场以 111 比 95 战胜鹈鹕，取得开门红。面对球员实力榜上领先自己的"浓眉"戴维斯，库里给予强势回应，仅用三节便砍下 40 分、6 个篮板、7 次助攻。"萌神"领取了那枚被他视为至宝的总冠军戒指，从此也养成了"三节打卡下班"的习惯。

2015 年 11 月 1 日，新赛季的第三场，勇士再战鹈鹕。库里全场 27 投 17 中，三分球 14 投 8 中，罚球 11 罚全中，轰下 53 分，率队再次击败"浓眉"的球队。

2015/2016 赛季前五场战罢，库里总共拿到 179 分，投进 28 记三分球，三分球命中率 51.9%，并且每场基本只打三节时间！此外，库里率领勇士五战全胜，以场均 35 分高居得分王榜首，比第二名杜兰特足足多出 5 分。

　　在库里横空出世之前，三分球只是球队的一项普通战术，那些定点投手们或底角落位、或空切反跑，接到队友的传球后，方能进行投篮。历数 NBA 史上那些三分名家，无论是穆林、米勒，还是佩贾、雷·阿伦，都概不例外。

　　而库里却把三分球提升为高效的主攻武器，只要过了半场，无论何时何地、无论何种姿势、无论无球还是有球，库里都能随时猝起张手投出一记三分球，这显然颠覆我们对于篮球的传统认知，但这种看似不合理的投篮却拥有极高的命中率。

　　"三分球投不死人"这句篮球名言在库里这里彻底作古。库里不停创造着新的奇迹，让那些轻视他的专家们彻底闭嘴。

　　2015 年 11 月 5 日，勇士终于遇到快船，里弗斯"运气论"犹在耳畔，而雷迪克"不服气"就在眼前。结果，库里用 11 投 7 中的三分球，直接射穿快船。

　　尽管保罗使尽十八般武艺，甚至像韦德那样无畏地杀向篮筐，然而库里只是打了三节比赛，投进 7 记三分球，拿了 31 分，就让"第一控卫"CP3 无力回天。

　　整场比赛，保罗一直掌控着比赛的节奏，而库里就像隐匿在勇士进攻体系之中的一柄利剑。库里在大部分时间里都在无球状态下游走，全队都在为他掩护，而他也时时刻刻在为全队做球。他一个假装空切，就能瞬间吸引两人包夹，然而接球沾手即传，经过连续跑位，总会寻觅到无人防守的空位，然后便是狂涛巨浪般的进攻。

　　这位叼着牙套的家伙，似乎是操着诸葛连弩上了场，一通根本看不出道理的狂射，直接带走了胜利，留下黯然神伤的保罗，拒绝在最后一攻时上场。

　　第四节，库里先是连续单挑"小乔丹"，通过云诡波谲的步伐戏耍对手，轻松得分。最后时刻，库里又在半场近两步之地，随手就投，命中超远三分球，收下胜利。

开局二十四连胜

STEPHEN CURRY

2015 年 11 月 7 日，勇士在主场迎战"田径大队"掘金，观众期待的对攻大战并没有发生。库里在前三节箭如雨下，率领勇士遥遥领先。

第四节掘金顽强地迫近比分，库里"加班"多打了半节，全场轰下 8 记三分球，拿到了 34 分、7 个篮板、10 次助攻，率领勇士以 119 比 104 轻松击败掘金。

2015 年 11 月 18 日，勇士对阵猛龙，库里轻取 37 分，开赛前 12 场共得到 404 分，三分球命中率高达 45.6%，两分球命中率接近 60%，篮下命中率高达 68.2%，罚球命中率高达 92%。前场的每一块区域都成为库里的射程热区，他将投篮的威力推向极致。

那时候，专家们大多都认为依赖远投不能成大器，真正的超级巨星都应该是像乔丹、科比、詹姆斯这些飞天遁地、拥有标准身材的全能型球员。即便是库里在 2015 年总决赛的表现全面压倒伊戈达拉，但总决赛 MVP 还是被那些记者专家们颁给了后者。

失去便失去了，库里并没有说什么，他只是通过自己不断地创造事实，让那些"运气论"化为泡影，让他的强大成为一种常态，去击碎那些顽固派的偏见冰山。

新赛季，在库里强势领导下，勇士的连胜之旅还在继续。2015 年 11 月 23 日，勇士击败掘金，取得 15 连胜，追平 NBA 历史最佳开局纪录。接下来，勇士又相继击败湖人、太阳和国王，豪取 18 连胜之后，完成 11 月不败的壮举。

勇士"死亡五小"阵容在 2015 年总决赛上一鸣惊人。2015/2016 赛季，这套阵容更成为"杀人诛心"的利器，几乎横扫联盟，而库里成为"联盟第一人"的有力竞争者。

在"死亡五小"阵容中，"库里主攻 + 格林挡拆 + 汤普森空位投射"的流水攻击线已经成形了。在这个套路里，库里个人的进攻威胁，格林的挡拆和分球能力缺一不可。对手对此几乎束手无策：包夹库里则勇士全队开火，不包夹的话，库里一人打服你。

"死亡五小"进攻无解的同时，防守也堪称联盟顶级。"水花兄弟"攻守兼备，格林更入选联盟最佳防守第一阵容，伊戈达拉是防守悍将。勇士的五小阵容拥有超强机动性、珠联璧合、默契无比，整体攻防都日趋完美。

进入 12 月份，随着"死亡五小"渐入佳境，勇士的连胜狂潮还在延续。联盟中对于库里的质疑声都开始减弱，联盟诸强都以击败"萌神"的这支球队为荣。某些顽固派

　　坚持自我，查尔斯·奥克利还在喋喋不休："我想不通现在的球员为啥防不住库里！"他的附和者已经寥寥，人们不再关心这些名宿的看法了，因为他们太过时了，这是已属于库里的时代。

　　2015 年 12 月 3 日，勇士对阵黄蜂，库里 18 投 14 中，砍下 40 分，第三节更是单节狂砍 28 分，在最后两分钟内·举命中 4 记三分球，用"一波流"的方式彻底毁灭对手。

　　12 月 6 日，勇士远赴多伦多挑战猛龙，洛瑞面对库里毫无惧色，砍下生涯新高 41 分，誓要终结勇士连胜。但库里还是用一波波"三分雨"，浇灭猛龙喷出的烈焰。最终勇士以 112 比 109 战胜猛龙。全场库里三分球 15 投 9 中，狂轰 44 分、7 次助攻，连续第二场得分 40+。

　　勇士击败猛龙之后，取得开局 21 胜 0 负。21 连胜打破北美四大职业体育联盟 131 年以来的开局最长连胜纪录，之前的纪录是 1884 年由圣路易斯亡奴队（MLB）缔造的开季 20 连胜，库里几乎以一己之力将浩浩荡荡的开局连胜潮推向高峰。

　　2015 年 12 月 12 日，库里拿下 38 分、11 个篮板、8 次助攻，率领勇士在客场与凯尔特人鏖战双加时，最终以 124 比 119 险胜对手，豪取开局 24 连胜。在这波气贯长虹的史诗连胜中，库里场均砍下 32.6 分，包括 7 场 40+ 的得分表演。他不仅高居联盟得分榜的首位，还是该赛季联盟投进三分球最多的神射手。

各队对库里的防守不可谓不严密，但在对手极具针对性的防守面前，库里屡屡能从狭窄的缝隙中找到投篮空间，并稳稳将球射进篮筐。他展现出了全方位的能力，各种超远距离三分球，迎着防守者的运球投篮，突破高打板抛投，长途奔袭中的单手快传……我们看他的比赛，似乎在看一场高水平的杂技表演。

见证奇迹无数的波士顿 TD 北岸花园球馆，如今再一次见证了勇士的开局 24 连胜，这也创造了 NBA 历史的最佳开局。同时勇士也取得了跨赛季 28 场连胜，超越了由热火的 27 连胜，成为 NBA 历史第二长的连胜纪录，仅次于湖人的 33 连胜。

12 月 13 日，勇士奔赴密尔沃基，"背靠背"挑战雄鹿，连续第七个客场作战让勇士众将疲惫不堪，在上万名穿着"24 胜 1 负"字样 T 恤的雄鹿球迷的漫天嘘声中，勇士最终以 95 比 108 输给对手，开局 24 连胜的纪录戛然而止。虽然未能延续纪录，但勇士并没有因此气馁，而是如释重负，轻装前进的他们将会创造更大的奇迹。

勇士 24 连胜战绩

1. 2015/10/28 勇士 111 比 95 鹈鹕
2. 2015/10/31 火箭 92 比 112 勇士
3. 2015/11/01 鹈鹕 120 比 134 勇士
4. 2015/11/03 勇士 119 比 69 灰熊
5. 2015/11/05 勇士 112 比 108 快船
6. 2015/11/07 勇士 119 比 104 掘金
7. 2015/11/08 国王 94 比 103 勇士
8. 2015/11/10 勇士 109 比 95 活塞
9. 2015/11/12 灰熊 84 比 100 勇士
10. 2015/11/13 森林狼 116 比 129 勇士
11. 2015/11/15 勇士 107 比 99 篮网
12. 2015/11/18 猛龙 110 比 115 勇士
13. 2015/11/20 快船 117 比 124 勇士
14. 2015/11/21 勇士 106 比 94 公牛
15. 2015/11/23 掘金 105 比 118 勇士
16. 2015/11/25 勇士 111 比 77 湖人
17. 2015/11/28 太阳 116 比 135 勇士
18. 2015/11/29 勇士 120 比 101 国王
19. 2015/12/01 爵士 103 比 106 勇士
20. 2015/12/03 黄蜂 99 比 116 勇士
21. 2015/12/06 猛龙 109 比 112 勇士
22. 2015/12/07 篮网 98 比 114 勇士
23. 2015/12/09 步行者 123 比 131 勇士
24. 2015/12/12 凯尔特人 119 比 124 勇士

连胜之匙 / 水花追梦与死亡五小

STEPHEN CURRY

随着勇士豪取 24 连胜，他们的"三巨头"组合（库里 + 汤普森 + 格林）也浮出水面。他们和马刺"GDP 三巨头"一样，都是本队培养出的明星。他们一起成长，一起战斗，彼此磨合，能力互补，如今他们一同迎来了个人与球队的巅峰期。

库里神乎其技的控球和远投，汤普森精密如机器般的三分球投射，格林坐镇中军的串联攻守，共同成为勇士的"制胜法宝"。"水花兄弟"库里、汤普森与"追梦"格林的三人组，合在一起便有了一个充满诗意的名字——"水花追梦"。

2015/2016 赛季，"水花追梦"领衔勇士以一波前无古人的 24 连胜开启，达到独孤求败的境界。库里场均贡献 32.6 分、5.3 个篮板、6.6 次助攻，投篮命中率 50.8%、三分命中率 45.5%；格林场均贡献 14 分、7.2 个篮板、9.6 次助攻；汤普森场均拿下 21.8 分、3.7 个篮板、2.2 次助攻，"三巨头"场均能够合砍 66 分。

马刺"GDP"诠释了团队运动的伟大精神：比如团队协作、彼此包容、配合无间，当"GDP"组合逐渐消失在联盟时，"水花追梦"会把那些精神继续发扬光大。

"水花追梦"率领勇士豪取 24 连胜，彻底征服了 NBA 联盟，库里、汤普森与格林一同被选入（2016）西部全明星阵容，三人将联袂出现在多伦多的全明星盛会上。

勇士豪取 24 连胜、保持开局不败的最大依仗还是"死亡五小"。当库里、汤普森、巴恩斯、伊戈达拉、格林一同在场，勇士给全联盟的球队提出了一个新课题——如何来抵抗这"死亡五小"？"死亡五小"放弃高大内线，将速度与精准发挥到极致，球与球员的出色移动，无孔不入的快速投射，快速轮转与协防……这一切让对手防不胜防。

包夹库里的话，其他人都能用得分来惩罚对手，不包夹库里的话，对手就会眼睁睁看着库里频频得分。五个人都是全能选手，具有组织、突破以及不俗的三分球投射能力。他们还有碾压对手的体力、敏捷和速度，当对手出现失误时，他们冲抢篮板、抢断反击、突破分球、全员投三分球，这样一波暴风骤雨般的进攻几乎无从抵挡。

这似乎才是当年唐·尼尔森、德安东尼那些跑轰大师的终极梦想才是小球的最高境界。小牛和太阳都没有做到，而金州勇士做到了。

第七章
成败之间

斯 蒂 芬 · 库 里 传

一箭封神

连胜之后

刚不可久，柔不可守。七连客，背靠背，刚刚打完双加时，勇士早已是强弩之末，所以他们在 2015 年 12 月 13 日不敌雄鹿，开局连胜场次就此定格在 28，也是必然。

虽然输掉本场比赛，但勇士创造的众多纪录将载入史册：开赛客场 14 连胜（历史第一），跨赛季 28 场连胜（历史第二，第一是湖人在 1971/1972 赛季创造的 33 连胜）。此役过后，勇士 24 胜 1 负，继续雄霸联盟榜首。

在 2015/2016 赛季 MVP 排行榜上，库里一路遥遥领先。NBA2K 因为库里的神勇表现，提高了他的能力值。如果上赛季，还有很多人质疑库里的带队能力和巨星成色，那么 24 连胜之后，几乎所有疑云，都被一扫而空。

2015 年 12 月 13 日，这是勇士开局 24 连胜的终结日，也是一个新的开始。

从 1971 年 11 月 5 日至 1972 年 1 月 7 日，湖人在 33 场比赛里就没尝过失败的滋味，当年终结湖人 33 连胜的球队，正是雄鹿，雄鹿堪称自古以来的"连胜终结者"。

终结勇士之前，他们总共五次终结了 12 连胜以上的球队：1971 年，雄鹿终结湖人 33 连胜；1973 年，雄鹿终结"绿衫军"12 连胜；1983 年，雄鹿终结 76 人 14 连胜；2007 年，雄鹿终结马刺 13 连胜；2011 年，雄鹿终结小牛 12 连胜。但被雄鹿终结连胜的这五支球队，都夺得了当赛季的总冠军。

这一次雄鹿终结勇士开局 24 连胜，是否也暗示着本季总冠军的归属？

138

　　当然，规律这个东西并不靠谱，靠谱的是，勇士经此一战，可以放下那些不该有的包袱，忘记连胜的历史纪录，全力去卫冕总冠军。

　　虽然勇士表示连胜多少场并不重要，但让雄鹿终结 24 连胜，还是让他们如鲠在喉。好在两队很快就又见面了，12 月 19 日，"水花兄弟"合砍 53 分，率领勇士在主场以 121 比 112 击败雄鹿，仅时隔 6 天就报了对手终结连胜之仇。

　　勇士的未来依旧是星辰大海，他们的假想敌不是雄鹿，而是拥有詹姆斯的骑士，以及一直尾随其后的马刺。对于这一点，他们非常清楚。

　　彼时勇士拥有全联盟火力最猛的进攻，他们场均袭下 115.1 分，命中 13.5 记三分球，助攻高达 28.9 次，其水银泻地般攻击潮足以摧毁一切防守。勇士的进攻节奏非常快，但不墨守成规，可快可慢，快慢随心，并不是只依靠快节奏跑袭去赢得胜利。

　　勇士与当年的跑轰强队太阳和小牛有着本质不同，他们在防守端的表现强悍。勇士限制对手有效投篮命中率的能力是联盟前四，又以 57% 的"有效投篮命中率"领跑全联盟。他们能和防守强队拼防守，能和跑轰强队拼快攻，勇士几乎没有短板。

　　库里率领勇士一路长虹，也颠覆了人们对于篮球的传统认知："五小阵容"一样可以肆虐联盟，1.90 米的控球后卫一样可以具备奥尼尔一般的统治力。

　　NBA 从前没有任何一支球队会在三分线外包夹对方球星，但到了 2015/2016 赛季，尤其是勇士豪取 24 连胜之后，三分线外包夹库里已经成为各家球队心照不宣的战术。

　　开局 24 连胜被终结之后，勇士还是保持着胜利的惯性。赛季前半程战罢，勇士仅输掉 4 场比赛，创下 37 胜 4 负的近 20 年最佳战绩。人们开始把勇士和另一支传奇球队相提并论，那就是 1995/1996 赛季取得 72 胜历史最佳战绩的芝加哥公牛，那支公牛在前半程的战绩是 38 胜 3 负。

　　2016 年 1 月 23 日，勇士在主场迎战步行者，主教练科尔宣布正式归来。在他因背部手术而休养的 113 天里，代理主教练的沃顿执教成绩斐然，率领勇士取得 39 胜 4 负，这是历史前 43 场比赛第二好的成绩。

　　为了欢迎恩师归队，库里送上 39 分、10 个篮板、12 次助攻的豪华"大三双"，格林也高效砍下 22 分、11 个篮板。勇士最终以 122 比 110 大胜步行者。蒙塔·埃利斯虽然得到 18 分，但看到昔日"小弟"库里火力全开，心中顿生凄凉无助感。

2016 年 2 月 4 日，勇士远赴华盛顿。库里三分球 15 投 11 中，砍下 51 分，第 7 次完成单场得分 50+ 并至少投中 10 记三分球的壮举，率队以 134 比 121 击败奇才。

勇士获胜之后，作为 2015 年的 NBA 总冠军，受邀造访了白宫。酷爱篮球的奥巴马与勇士球员相谈甚欢，他还打趣库里说："汤普森的投篮技术更好。"

2016 年 2 月 15 日，全明星正赛在多伦多举行。这是科比的告别赛季，这位（18 届全明星）传奇巨星在自己的最后一届全明星盛会上，从容砍下 10 分、6 个篮板、7 次助攻的超然数据，他更多的时候用欣赏与欣慰的言语来激励后辈，其中就有库里。

最终，西部队以 196 比 173 击败东部队，作为西部首发控卫，库里贡献 26 分、6 次助攻，并命中一记超远的压哨三分球，为科比的全明星告别战画上圆满的句号。

一箭熄雷音

STEPHEN CURRY

　　全明星赛过后，勇士又开始卫冕之旅。2 月 20 日，他们输给开拓者，之后连胜快船、老鹰、热火、魔术，勇士连战连捷的同时，库里也开始"超凡入圣"。

　　库里对阵热火砍下 42 分，做客魔术，狂砍 51 分的同时，又再次命中了神奇的半场三分球。新加盟勇士的瓦莱乔目睹库里壮举之后惊叹不已，作为对手的韦德也赞叹，"历史上从没有哪位球员能在这么远的距离统治比赛，如果你热爱篮球，一定会成为库里的粉丝。"这两位詹姆斯的前队友虽然看过"第一人"的伟大，但对于库里仍然不惜溢美之词。而魔术主将阿隆·戈登说得更直接："这真的太不科学了！他怎么可能一直都命中这么远的投篮？"

　　库里与勇士在一片赞誉声中推过赛季 50 胜大关之后，他们遇到了真正的劲敌。

　　2016 年 2 月 28 日，金州勇士对阵俄克拉荷马雷霆，"水花兄弟"对阵"雷霆二少"，这是本赛季常规赛最灿烂的一战，悬念持续到最后一刻。库里命中一记超远（11.28 米）三分球绝杀，给这场跌宕起伏的大戏画上一个惊艳绝伦的句号。

　　整场比赛，雷霆已穷尽全力防守库里，双人包夹，扑到脸上，过了半场就寸步不离，频繁的身体接触，不给库里半点空间。然而这位"娃娃脸杀手"总能在电光石火间寻觅到对手的破绽，然后弯弓施射，而且箭无虚发。

　　在这场惊心动魄的强强对决中，雷霆快如电闪，用整体高强度防守几乎遏制了勇士所有球员，除了库里。"萌神"用一记记精准的三分球，顽强地率队与对手保持均势。

　　"雷霆二少"联袂发威，让雷霆球迷看到了胜利的曙光。库里脚踝扭伤，一度退场，他在下半场上演"王者归来"，用四个不讲理的三分把分差迫近到 1 分，然而杜兰特在常规时间最后 14.5 秒回敬一记后仰三分球，再次把比分拉开到 4 分。

　　最后关头，汤普森先是用一个反切上篮得分，之后勇士包夹杜兰特，格林冲到界外断球，伊戈达拉持球被对手犯规，最后时刻，伊戈达拉顶着全场嘘声稳稳地罚进两球，压哨将比分扳成 103 平，双方进入加时赛。

　　加时赛，雷霆依旧采取对库里贴身死缠。轰下 37 分的杜兰特六次犯规被罚出场，就剩下威斯布鲁克孤军奋战。雷霆依靠身高体壮与主场优势发起最后的进攻，威少如同

一个钢铁怪兽般纵横无忌。而勇士似乎已拼到极限，库里因为脚踝伤势也有些步履蹒跚。威少用四次精妙助攻一度让雷霆拉开比分，而汤普森连得 6 分，顽强将比分抹平。

118 比 118，此后威少强投不中，库里最后一攻，持球推进不急不缓。

库里蹚过中线两步后张手便投，雷霆悍将安德烈·罗伯森扑上防守为时已晚，皮球划出一道完美弧线，在最后 0.6 秒钻进篮筐。最终比分定格在 121 比 118，勇士险胜雷霆。

此刻，俄城的福特中心球馆一片寂静，徒留下勇士球员相拥欢庆的呐喊声以及雷霆众将失魂落魄的表情。这是一场匪夷所思的比赛。

世人皆知库里准，但没想到他拥有这么远的射程，一过半场便斩将摧城。库里这记闲庭信步般超远绝杀足以在 NBA 绝杀史上独树一帜，更何况，库里在这场比赛还命中12 记三分球，追平科比与马绍尔一同保持的 NBA 单场三分球命中数纪录。这注定成为库里生涯最显赫的"名场面"之一，而伟大的比赛需要伟大的对手来衬托。

"雷霆二少"杜兰特砍下 37 分、12 个篮板，威斯布鲁克豪取 26 分、7 个篮板、13次助攻，此外，伊巴卡也贡献 15 分、20 个篮板。作为对手，他们足够强大。

勇士方面：汤普森砍下 32 分，格林仅得 2 分，但送出 14 个篮板、14 次助攻、6 次抢断和 4 次封盖，作为队友，他们也给库里足够支援，才有了"最后一杀"的经典。

而库里毫无疑问成为全场众星捧月般的存在。他 24 投 14 中，三分球 16 投 12 中，狂砍 46 分，还贡献 6 次助攻和 2 次抢断，并在加时赛最后时刻，命中一记足以载入史册的超远三分球。绝杀雷霆，一球入圣境。

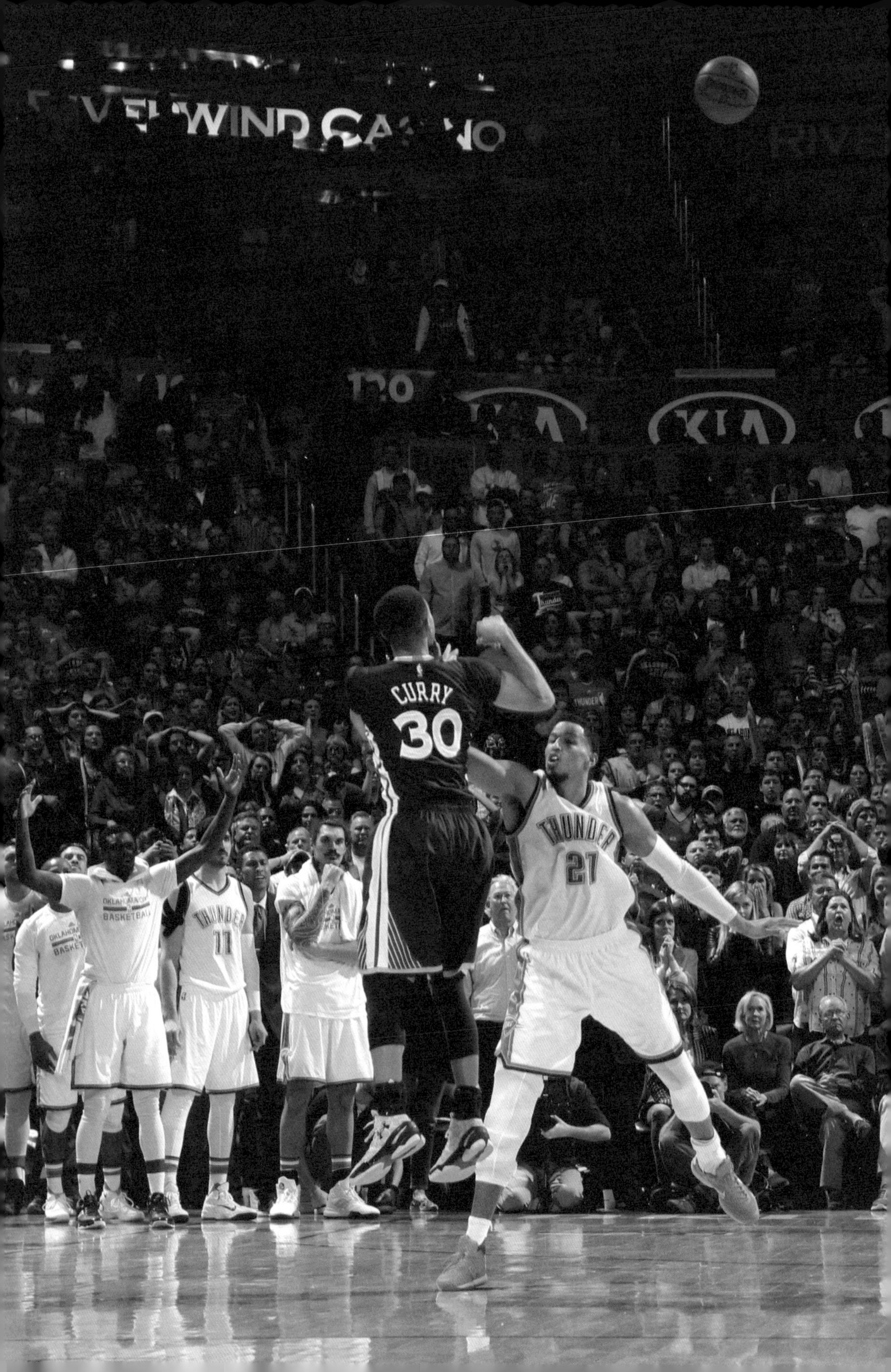
CURRY
30
THUNDER
21
THUNDER
11
KIA

杜兰特宛如"暗夜死神"，砍下 37 分，威斯布鲁克也轰出 26 分、13 次助攻，虽然"雷霆二少"联袂发威，雷霆依然迈不过勇士这道鸿沟，因为他们的对面，横亘着库里！

单场命中 12 记三分球、超远绝杀，库里用一场比赛演绎了两大奇迹！而那一记宛如彩虹的三分球绝杀堪称这个时代最伟大的远投之一

73 胜创纪录

STEPHEN CURRY

从 2016 年 2 月 25 日开始，库里似乎已经无法压抑他的欲望和决心，三战分别砍下 42 分、51 分和 46 分，这让人望而生畏，我们不知道他的上限在哪里。过了中圈就扔，这似乎成为库里的常规战术。

因为库里的存在，勇士变得似乎无法战胜，因为世界上还没有一种防守要时时全场紧逼，要时时在中圈进行双人包夹。进入 3 月份，勇士一路高歌猛进，整整一个月只输了两场球，分别负于湖人与马刺。

进入 4 月，勇士逐渐出现疲态，先后输给凯尔特人和森林狼，尤其是 4 月 6 日输给森林狼之后，勇士险些失去一次打破纪录的机会，如果他们想超越当年公牛创造的 72 胜 NBA 历史最佳战绩，接下来的 4 场比赛必须全胜。

好在勇士不负众望，他们接下来两胜马刺，又败灰熊，取得平公牛的 72 胜。

2016 年 4 月 14 日，甲骨文球馆，勇士本赛季的收官之战，他们的对手还是灰熊。如果勇士取胜，他们将豪取赛季 73 胜，站到常规赛最强战绩榜的峰巅。

此战很早就失去了悬念，库里虽然只打了三节，但三分 19 投 10 中，暴砍 46 分并送出 6 次助攻，单赛季三分球总命中数达到 402 记，成为 NBA 历史首位单赛季三分球命中数突破 400 的球员。勇士最终在主场以 125 比 104 大胜灰熊，胜场达到 73 场，仅负 9 场，超越 1995/1996 赛季公牛的 72 胜 10 负，创造了 NBA 常规赛单赛季胜场数纪录。

库里完成了一个前无古人的惊人赛季，他在第四节便坐在了替补席上，这已是他第 19 次前三节打卡下班。格林表现也非常完美，他成为历史上首位单赛季拿到 1000 分、500 个篮板、500 次助攻、100 次抢断和 100 次封盖的球员。

随着最后一场常规赛的结束，库里创造了史无前例的单赛季 402 记三分球纪录，"水花兄弟"在本赛季一同扔进 678 记三分球，比许多单支球队投进的三分球总数都多。

2015/2016 赛季，库里场均拿下 30.1 分、5.4 个篮板、6.7 次助攻、2.1 次抢断，命中率达 50.4%，三分球命中率高达 45.4%，荣膺半赛季的得分王与抢断王，三分球命中率联盟第二，还成为 NBA 历史上首位单赛季场均至少得到 30 分、5 个篮板、6 次助攻，并命中 5 记三分球的球员。此外，他还率领勇士最终豪取 73 胜，打破了 1995/1996 赛季公

牛创造的单季 72 胜 10 负的 NBA 历史最佳战绩。

2015/2016 赛季，库里创造的纪录还有：单场投进平历史纪录的 12 记三分球；16 场至少命中 8 记三分球；连续 152 场命中三分球，打破科沃尔保持的 127 场三分球连续命中纪录；效率值达到惊人的 31.5，逼近历史最高乔丹创造的 31.7，堪称控卫之最。

库里单赛季命中 402 记三分球，将得分王、抢断王、球队 73 胜历史最佳战绩等殊荣收入囊中，率领勇士横扫骑士、快船、雷霆，三杀马刺，"死亡五小" 纵横天下。这是金州勇士近 40 年来最伟大的一个赛季，而库里也成为超越所有球员的神奇射手。

我们见过奥拉朱旺的梦幻脚步、乔丹的飞天遁地、奥尼尔的摧枯拉朽、科比的大杀四方、邓肯的坚如磐石、詹姆斯的无所不能，也见过杜兰特的四个得分王，但当我们看到库里时，还是会有一种截然不同的震惊，在我们的篮球知识体系中，从未出现过这样看上去那么轻盈而又强大的统治力。

库里的冷血三分有着米勒决绝的味道，但米勒却无法自由随心、毫无征兆地出手；我们见过艾弗森打球，但库里更为灵动与高效；库里飘逸的快攻传球有着纳什的神韵，但当年如日中天的纳什也不能像库里那样将得分与助攻同时达到联盟顶级。

我们很庆幸，能够亲眼看到库里的极致表演，他正用一道道完美弧线，策动一场篮球史上的投篮革命。

2016 年 4 月 14 日，是篮球史上最特别的一日，当日除了勇士创下 73 胜的最佳战绩，科比还用一场 60 分的得分盛宴，为自己 20 年 NBA 生涯画上完美的句号。

ZTE

2015/2016 赛季最后一战，库里爆砍 46 分，率领勇士豪取 73 胜，单赛季三分球总命中数达到 402 记，成为历史首位单赛季三分球命中数突破 400 的球员。402 记三分球、73 胜，库里一战成就两大旷古神迹。

赢得 73 胜，勇士开启云霞升腾的远投时代，"三分杀不死人"的论调早已沦为笑谈，库里的三分球具有划时代的能力。

归来加时王

STEPHEN CURRY

虽然勇士打出历史最佳战绩，但到了季后赛舞台，他们很难再打出碾压对手的比赛，因为横亘在他们面前的都是骁勇异常的西部劲敌，而且随时可能出现各种意外。

2016 年 4 月 17 日，季后赛首轮第一场，勇士在主场以 104 比 78 大胜火箭，拿下季后赛首胜，库里轻取 24 分，但在一次退防时扭伤脚踝，这也直接导致他缺席第二场。

第二场勇士没有库里，仍然以 115 比 106 再次击败火箭，捍卫主场优势。

第三场转战休斯敦，哈登命中绝杀球，火箭扳回一场。

第四场库里带伤复出，9 投仅 2 中，还有 5 次失误。上半场结束前，库里在回防时摔倒抱住右膝，随后起身一瘸一拐地回到更衣室，赛后传来消息：核磁共振结果，库里右膝韧带拉伤，需要休战两周。

虽然勇士在库里缺阵下，依然以总比分 4 比 1 击退火箭，但进入西部半决赛的金州依然被阴云笼罩，因为他们知道，卫冕之路上不能没有一个健康的库里。

西部半决赛，勇士对阵开拓者，没有库里的勇士在主场连胜两场，随后回到波特兰，开拓者在摩达中心扳回一城。

2016 年 5 月 10 日，西部半决赛第四场，库里终于伤愈复出。久疏战阵，库里三分球前 9 投全失，但在关键的第四节，

库里终于找到手感，第 10 次出手终于命中三分球，率领勇士将比赛拖入加时。

进入加时赛，大伤初愈的库里状态火热，短短 3 分钟包揽勇士全部的 12 分。最后 1 分钟，库里在外线弯弓搭箭，再中三分球。摩达中心陷入沉寂。

整个加时赛，库里 7 投 6 中，三分球 3 投全中，独砍 17 分，力压开拓者全队的 14 分。17 分也超越了阿里纳斯加时赛所得到的 16 分，刷新 NBA 球员加时赛的得分纪录。

科尔原本只打算让库里打 25 分钟，但他发现库里状态慢慢火热，便取消了限时令。随后库里接管加时赛，并在场上呼出："我回来了！"王者归来的一幕真实浮现。

库里伤愈归来，豪取 40 分、9 个篮板、8 次助攻，并独得创加时赛纪录的 17 分。这一幕旷世无双的归来神迹，为他接下来全票 MVP 加冕礼做了预热表演。

全票蝉联 MVP

2016 年 5 月 11 日，常规赛 MVP 颁奖典礼在奥克兰甲骨文球馆举行，库里全票当选 2015/2016 赛季常规赛 MVP，虽然已经连续两次举起最有价值球员奖杯，但他在聚光灯下还是有些手足无措，笑容纯真灿烂，就像一位走进糖果店的孩子。

上个赛季库里在 MVP 获奖感言中说："能够追随父亲的脚步，这意义非凡！"

这个赛季库里在 MVP 获奖感言中说："我从未想过改变比赛，还得继续前行！"

库里说只是想追随父亲的脚步，但他的成就早已超过父亲。库里低调谦逊，却成为篮球革命的领导者，他不仅改变了 NBA 的比赛方式，也影响了整个篮球世界。

在世界的每一个角落，都可以看到身穿库里 30 号球衣的篮球少年，在球场投出一

记记超远的三分球。Under Armour 这款小众球鞋，也因为库里而风靡全球。

终于，NBA 的所有专家记者放下了傲慢和偏见，给库里投出一票，库里赢得了所有的 131 张第一选票（每张记 10 分），总计积分为 1310 分，成为 NBA 历史上唯一一位全票当选常规赛 MVP 的球员，同时他也成为 NBA 历史上第 11 位蝉联常规赛 MVP 奖项的球员，此前的 10 位依次倒推，分别为詹姆斯、纳什、邓肯、乔丹、约翰逊、伯德、摩西·马龙、贾巴尔、张伯伦和拉塞尔。

库里一枝独秀，其他球星的票选得分都远远落后于他，伦纳德以 634 分居于票选第二位，詹姆斯以 631 分居于第三位。如此殊荣的分差，是这个赛季的真实反映。

库里依然一如既往的谦虚，他说："历来所有的 MVP 都是传奇球星。而作为第一位全票 MVP，我真的无法用言语来表达感受，这是一种巨大的荣誉。我很幸运能做喜欢的事，并且拥有这样的天赋，必须拥有信心和动力。"

仅仅一年之前，2015 年总决赛 MVP 票选，11 位记者为伊戈达拉投出 7 票，为詹姆斯投出 4 票，而作为夺冠球队的核心，库里竟然一票未得。

那些傲慢和偏见，经过库里一个赛季的超燃表现之后，荡然无存。

让我们再复盘一下库里在 2015/2016 全票 MVP 赛季的神奇表现：出场 79 次，场均得到 30.1 分、5.4 个篮板、6.7 次助攻、2.14 次抢断，包揽得分王与抢断王，投篮命中率高达 50.4%，三分球命中率 45.4%，罚球命中率 90.8%。他一共命中 402 记三分球，率领金州勇士拿下 73 胜，这两项均创下 NBA 的新纪录。

对于如今这支勇士，库里也非常自豪："今年完全不同，我们被给予厚望，也承受了非凡的压力。今年是我们球队状态极佳的一年，要变得更好，我们走在正确的道路上，我希望我们成为永远被历史铭记的一支球队。"

库里蝉联 MVP 之后，率领勇士再接再厉。西部半决赛第五场，库里用一连串的杂耍三分球反超了比分，全场拿下 29 分、5 个篮板、11 次助攻，勇士以总比分 4 比 1 淘汰开拓者，昂首杀进西部决赛，以逸待劳等雷霆和马刺之间的胜利者。

那些"勇士没有库里也行，而库里靠的是体系"的声音甚嚣尘上，库里再次用强劲表现让那些声音消失，他就是这个时代最实至名归的 MVP！

雷勇七番战

STEPHEN CURRY

2016 季后赛，勇士先后以两个 4 比 1 轻松击败火箭、开拓者，库里告别哈登和利拉德两大控卫之后，在西部决赛终于遇到劲敌——"雷霆二少"领衔的雷霆。库里对位的是身体素质更强悍的"暴力控卫"威斯布鲁克，这是一场旷日持久的鏖战。

2015/2016 赛季，威少场均砍下 23.5 分、8.0 个篮板、10.4 次助攻、2.0 次抢断。与全票 MVP 库里相比不遑多让。在西部半决赛中，威少如猛兽般上蹿下跳，引领球队打出超高强度的对抗和防守。而当杜兰特打出无解进攻时，雷霆一度战无不胜。

淘汰老辣的马刺之后，雷霆脱胎换骨，带着高昂的士气，杀入西部决赛。

2016 年 5 月 9 日，西部半决赛第四战，杜兰特得到 41 分、5 个篮板，威斯布鲁克得到 14 分和 15 次助攻，"雷霆二少"将天赋发挥到极致。

西部决赛的首战，士气高昂的雷霆就给了勇士当头一棒，让勇士末节仅得 14 分，并且输掉比赛。虽然勇士赢回第二场，但到了俄克拉荷马，雷霆没给勇士任何机会，连赢两场。勇士以 1 比 3 落后于雷霆，已命悬一线，濒临淘汰边缘。在库里的强势带领下，三军用命的勇士拿下第五场，上届冠军还没有出局。

2016 年 5 月 29 日，第六战，一场势均力敌的盖世交锋。雷霆凭借的是整体的超强防守和"二少"的绝对天赋，勇士依仗的是战术轮换和"水花兄弟"的神奇手感。

雷霆像天罗地网一样罩住库里，受困于对手的"铁桶阵"，库里在上半场手感低迷，雷霆一度将比分领先到两位数。勇士已败三场，此战再败，他们将被淘汰。

危急时刻，汤普森挺身而出，连续命中 3 记三分球稳住局势。下半场，汤普森频繁投中三分球，几乎用一己之力压制雷霆的进攻狂潮。在"汤神"持续炮火反击下，前三节一直领先的雷霆，终于在第四节崩盘。库里也及时复苏，在决胜时刻连续命中两记冷血三分球，并在终场前 14 秒强行突破，失去平衡后依然用一个高抛打板上篮命中终结了比赛。勇士最终以 108 比 101 逆转击败雷霆，将比赛拖入"抢七"大战。

虽然库里贡献 31 分、10 个篮板、9 次助攻的准"三双"数据，但此战汤普森厥功至伟，他轰出 41 分，送出 4 个篮板，命中创季后赛单场纪录的 11 记三分球，将勇士从死亡线上拉回。从此，"G6 汤"成为勇士一大"撒手锏"。

　　杜兰特整场都陷入挣扎，31 投只得 29 分，心灰意冷，此战落败为 KD 加盟勇士埋下伏笔，而杜兰特加盟勇士之后，联盟格局发生巨变。造物弄人，如果此战雷霆获胜，他们将淘汰勇士，那么接下来将是另一个故事。可以说是汤普森在 G6 的冷血 11 箭，箭箭追魂，也成为改变了联盟格局的一把钥匙。

　　2016 年 5 月 31 日，西部决赛"抢七"大战，雷霆客场挑战勇士，一个是 73 胜历史强队，一个是西决曾经 3 比 1 拿到赛点的球队，谁输了都将成为大新闻。

　　科尔将伊戈达拉提上首发，勇士的配合让人眼花缭乱，而雷霆已是强弩之末。第四节雷霆开启最后反扑，库里控球到前场，面对杜兰特，巨星对决，库里连续运球，未能晃开杜兰特，但他忽然出手，皮球划出一道高弧线，闪电般穿过篮筐。

　　这一场"水花兄弟"同时暴走，让雷霆防守顾此失彼。勇士打出行云流水的配合，最终以 96 比 88 击败雷霆，以总比分 4 比 3 淘汰对手，昂首杀进总决赛，库里本场拿下 36 分、5 个篮板、8 次助攻，三分球 12 投 7 中。经过了这轮惊心动魄的西决七番大战，人们都认为，那位全票 MVP 已经满血复活。

巅峰之殇

STEPHEN CURRY

2016 年总决赛，勇士又一次面对骑士——一支由詹姆斯领衔志在复仇的骑士。这次欧文与乐福均在阵中，"三巨头"可谓"骑装"满员。

2016 年 6 月 3 日，总决赛第一场，勇士在主场以 104 比 89 轻取骑士，赢得轻松惬意。"水花兄弟"养精蓄锐，伊戈达拉、巴博萨和利文斯顿等替补球员连续得分，勇士打出流水线般默契进攻，每一个步骤都明快流畅，赏心悦目。尽管詹姆斯砍下 23 分、12 个篮板、9 次助攻，但当勇士与骑士替补得分为 45 比 10 时，老詹的努力化为泡影。

总决赛第二场，骑士继续以 77 比 110 惨败给勇士，詹姆斯拿下 19 分、9 次助攻，但处于孤立无援的境地。前两场，欧文与乐福均形同梦游，没有打出"巨头"风采。

总决赛第三场转战克利夫兰，詹姆斯拿下 32 分，率领骑士发起绝地反击，而勇士却慢热开局，加上"水花兄弟"手感不佳，最终导致 30 分的溃败，勇士以客场以 90 比 120 负于骑士。第三战，库里仅得 19 分，显然支撑不起勇士的胜利。

2016 年 6 月 11 日，总决赛第四场，库里终于找回状态，投进 7 记三分球，拿下 38 分、5 个篮板、6 次助攻，率领勇士在客场以 108 比 97 战胜骑士。

勇士以总比分 3 比 1 领先骑士，形势一片大好之下，却暗藏危机：格林禁赛。

总决赛第四场，出现了戏剧性的一幕：詹姆斯从格林头上跨了过去，格林冲着詹姆斯挥出一拳，然后遭到了联盟的禁赛，勇士也失去了他们的指挥官与咆哮领袖。

2016 年 6 月 14 日，总决赛第五场，失去格林的勇士失去了往日的顺滑与流畅，在主场以 97 比 112 负于骑士，詹姆斯拿下 41 分、16 个篮板、7 次助攻，欧文也有 41 分、6 次助攻入账。总决赛第六场，双方缠斗升级，库里六犯离场，虽然取得 30 分，也只能成为"空砍帝"。最终骑士以 115 比 101 赢下第六战，比赛进入"抢七"大战。

2016 年 6 月 20 日，总决赛"抢七"大战，骑士继续沿用他们的巨星单打，而勇士展示团队篮球的精髓，每次出手都在挡拆跑位中得到合理机会，这样团队战术配合固然赏心悦目，但出现失误就会被对手痛击。这场比赛副手抢戏：格林打出 32 分、15 个篮板、9 次助攻的豪华准"三双"，而欧文一直用无解单打来支撑骑士的进攻体系。

最后 53 秒，双方战至 89 平，欧文面对库里命中一记三分准绝杀球。而库里用杂耍

般的抛投三分球回敬对手，没有命中。此外，库里在最后时刻背传失误，给了对手喘息之机。库里全场 19 投 6 中，拿下 17 分，无奈目睹勇士在主场以 89 比 93 负于骑士。詹姆斯拿下 27 分、11 个篮板、11 次助攻，欧文也贡献 26 分并命中准绝杀三分球。

库里在 2015/2016 赛季，荣膺得分王、抢断王、常规赛 MVP，率领勇士豪取 73 胜的他几乎赢得了所有荣誉，却错失了近在咫尺、几乎是囊中之物的奥布莱恩金杯。

詹姆斯痛哭流涕，他终于完成诺言，为克利夫兰带来了第一座总冠军奖杯。

全票 MVP、历史最佳 73 胜，库里与勇士缔造的这些神迹彪炳史册的同时，也成为詹姆斯率队圆梦夺冠的光鲜注脚，充分显示出现实世界"成王败寇"的残酷之处。

杜兰特来了

STEPHEN CURRY

2016 年总决赛结束，勇士惨遭骑士逆转，舆论又一次把库里送到了风口浪尖，但库里的天赋和技能还在，他已经无数次推翻质疑，这一次他一定会卷土重来。

2015/2016 常规赛，库里一度呈现无敌化境：独树一帜的比赛风格，推翻篮球"巨人与飞人的运动"的固有规律，直到他总决赛被击败，这个幻境才被打破。

库里的身体天赋不算顶尖，看上去不够强壮，不能像科比、詹姆斯那样一骑当千，也不能像威少那样飞天遁地，他使用的是篮球史上最基本的武器——运球和投篮。他把这两样东西做到了极致，带来了一种无法限制的效果。

但在总决赛中，库里陷入骑士的包围圈，并被对手割断与队友的联系，一旦库里失去手感与节奏，勇士也失去流畅默契的团队进攻，在最后关键时刻，勇士缺少一把单打攻坚的利器，譬如对方的詹姆斯与欧文。

很快，单打利器来了，联盟无差别单打第一人杜兰特在 7 月 4 日加盟勇士。随着一纸两年 5430 万美元合同的签订，"死神"飘然而至，金州惊现"四巨头"！

杜兰特冒着"投敌"的指责以及全天下的质疑，依然加盟勇士，只因心中那份对于篮球的执念：他和库里神交已久，心仪勇士那种人人传球、人人空切、自由流畅的进攻风格，并认为自己会无缝融入，发挥出理想的境界。

过去三年，常规赛 MVP 分别被杜兰特和库里包揽。过去 7 个赛季，两人一共拿到 5 个得分王。在杜兰特加盟勇士之后，组成升级版"死亡五小"，无敌于天下的存在，似乎预示着联盟大结局。

雷霆天赋虽高，却缺少合适的团队战术体系，靠"二少"的轮流单打与天下抗衡。杜兰特和威斯布鲁克因为消耗过大，总在关键时刻力不从心，这是雷霆一直以来的痛点，多年未曾改变。两位巨星轮流单打，始终没有产生 1+1>2 的效果。

而勇士绝对算得上是全联盟最会配合的球队了。他们有全联盟最流畅的进攻体系、最好的后场二人组。季后赛表现糟糕的巴恩斯已经离开，杜兰特填补上小前锋的空缺，勇士将迎来一个终极版的"死亡五小"。

杜兰特球风高效，更适合在无球跑位中接球出手，那么他所搭配的控卫最好是那种既有强大攻击力，又不占球权、视野极为开阔的选手，库里完美契合。

库里因为身高和对抗的问题，在季后赛和总决赛这样高强度的比赛中，必然会遭遇对手最强力的包夹防守，如果身边有杜兰特，那么对手就会顾此失彼。

2016/2017 赛季开始，经历了赛季初四场磨合，勇士升级版"死亡五小"逐渐形成。2016 年 11 月 4 日，勇士主场迎战雷霆，杜兰特砍下 39 分，三分球 11 投 7 中。库里轻取 21 分、7 次助攻，早早三节打卡下班。第四节，杜兰特也早早下场，与库里一起坐在板凳席轻松观战，如此和谐的场面似乎昭示着勇士在本赛季一帆风顺。

库里在新赛季初期表现有所起伏，11 月 5 日，勇士对阵湖人，库里三分球 10 投 0 中，连续三分球命中场次戛然而止，就此定格在 157 场。接下来 11 月 8 日对阵鹈鹕，库里立刻出现惊天反弹，26 投 16 中，三分球 17 投 13 中，轰下 46 分，13 记三分球也一举打破了由科比、马绍尔和他本人共同保持的单场命中 12 记三分球的 NBA 历史纪录。

库里在"纪录之夜"手感火热，首节三分球 4 投 3 中，前三节就投中 10 记三分球，完成第 7 次单场投中至少 10 记三分球的壮举。第四节库里命中第 12 记三分球，在全场球迷的山呼海啸的助威声中，库里一蹴而就，命中了突破纪录的第 13 记三分球，

虽然勇士迎来了得分"大杀器"杜兰特，但他们真正的战术核心还是库里。库里为了让杜兰特能够迅速融入体系，多次让出出手权和持球进攻权，以至于自身的数据出现下滑，这个时候"库里的巅峰结束了"的论调甚嚣尘上！库里对此无所萦怀，同时放下执念，不再执着于单一的进攻方式，当他开始频繁使用三分威胁突破，当他开始绕着杜兰特无球跑位时，他根本就是无法防守的。

如果一支球队同时拥有两名历史级别的"大杀器"，而且彼此无私，那么将打出流畅而高效的团队配合，宛如行云流水，却有一种不可阻挡的威力。

2016 年 11 月 24 日，勇士整场送出创队史纪录的 47 次助攻，以 149 比 106 大胜湖人，比赛正值感恩节前夜，科尔教练心情颇佳，与球员一起祝现场球迷节日快乐。

库里宛如精灵，飘逸灵动，纤细如风，轻盈如梦，清新似萌……他拥有超越凡尘的神奇手感，并重新定义了 NBA 的如今这个时代，这一点毋庸置疑。

第八章

还我至尊

斯 蒂 芬 · 库 里 传

完美蜕变

STEPHEN CURRY

2016 年 12 月 6 日对阵步行者，汤普森三节狂砍 60 分，投中 8 记三分球。勇士解说员蒂姆·罗伊的吼声响彻甲骨文球馆："克莱得到 60 分！"

由于杜兰特的加盟，沦为勇士第三得分点的汤普森一度陷入低潮，他用一场目眩神迷的 60 分飙分盛宴，宣布"汤神"正式归来。

整个 12 月，勇士像一艘不可阻挡的银河战舰，先后赢得一波 4 连胜和 11 连胜。

为了总冠军，库里欣然接受科尔的传切和无球跑动战术。杜兰特加盟之后，勇士的进攻体系中加入更多的挡拆配合。科尔认为，两位巨星如果大量挡拆，意味着其中一位被边缘化，因此，应当通过更多传球让全队参与到进攻中，而不仅仅依靠两位巨星。

杜兰特获得了勇士最多的单打机会，库里的场均使用率和三分出手数都有所下降，在整个 12 月场均只有 20.9 分入账，一时间关于库里"神奇不再"的论调又甚嚣尘上。

时间进入 2017 年，库里没有延续 2015/2016 赛季的神奇，加盟勇士的杜兰特似乎抢了他的风头，其实这不过是"无稽之谈"，只要认真看过库里比赛，就会发现，库里正在迎来职业生涯至关重要一次的蜕变。这种蜕变，是巨星封王的必经之路，譬如乔丹在第一个三连冠时期的个人进攻是无解的存在，屡屡上演独自砍分奇迹。但在第二个三连冠时期，乔丹加强低位进攻，后仰投篮更是炉火纯青，虽然得分不如以前华丽劲爆，但他已成为公牛的"战术轴心"。

库里在 2016/2017 赛季后半段凭借一己之力打花对手的比赛开始减少，依托自身的威胁牵引对手、策动球队整体进攻的能力却日益凸显。与此同时，杜兰特也改变了根深蒂固的单打习惯，他言辞恳切地告诉库里可以尽情发挥，保证将自己的进攻天赋融入库里的比赛风格之中。随着库里的蜕变，金州勇士的进攻体系也日渐完美。

2017 年 1 月 23 日，勇士对阵魔术，库里将"战术轴心"诠释得淋漓尽致，仅出场 30 分钟的他就将对手防线冲击得七零八落。拿下 27 分，送出 4 个篮板、6 次助攻，命中 7 记三分球，率领勇士以 118 比 98 大胜魔术的同时，也在 NBA 三分榜上超越了佩贾。

2 月 2 日，库里的场上效率再度提升，同样出场 30 分钟，他三分球 15 投 11 中，狂揽 39 分，并贡献 5 个篮板、8 次助攻、3 次抢断之余，率领勇士在主场以 126 比 111 轻

取黄蜂。同时，他在还在上半场命中 8 记三分球，追平了职业生涯半场三分球命中数纪录。

2017 年 3 月 1 日，勇士对阵奇才，杜兰特膝盖受伤离场，连续 562 场得分上双纪录就此作古。当他在 4 月 11 日复出时，勇士连胜已经延续到 14 场，这归功于库里的蜕变。

杜兰特受伤，库里独自率领勇士开启了一波连胜，当他找到自己的比赛节奏时，这位全票 MVP 依旧势不可当。

3 月 21 日，库里在对阵雷霆的比赛中，三分球 12 投 7 中，完成了生涯第 52 次单场投中至少 7 记三分球的壮举，再次刷新一项 NBA 的三分球纪录。

经过半个赛季的磨合，杜兰特让库里在赛场愈发游刃有余，除了得分更具效率，库里对比赛的掌控也开始多元化。随着库里华丽蜕变，荣誉也纷至沓来。多次入选联盟西部周最佳球员，进入全明星西部首发阵容，库里和杜兰特共同当选西部月度最佳球员……至此，库里已经彻底成长为球队的"战术轴心"，在技战术层面上已经比肩前辈，成为和乔丹、"魔术师"一般的传奇存在！

2016/2017 赛季战罢，库里场均得到 25.3 分、4.5 个篮板和 6.6 次助攻，一共命中325 记三分球，率领勇士以 67 胜 15 负、81.7% 的胜率位列联盟第一，虽然没有上赛季73 胜那样耀眼，但他们凭此成为历史上第一支连续三个赛季拿到胜场 65+ 的球队。

而勇士也在库里的带领下，又一次开启了如梦似幻的季后赛征程！

勇者不败

2017 年 4 月 17 日，季后赛首轮开打，勇士对阵开拓者。"波特兰双枪"利拉德和 C.J. 迈克勒姆拼尽全力却难求一胜，勇士最终以 4 比 0 横扫开拓者，挺进下一轮。

库里渐入佳境，后两场分别拿下 34 分和 37 分，其中第四场命中 7 记三分球，季后赛第 9 次单场至少命中 7 记三分球，位列历史第一。季后赛三分球总命中数达到 261 粒，追平"关键先生"罗伯特·霍里，并列 NBA 季后赛三分球总命中数榜的第 9 位。

西部半决赛，勇士又以 4 比 0 横扫爵士。随着勇士全员火力复苏，库里蜕变的成果也愈发凸现，化身"战术轴心"的他巧妙利用自身威胁，盘活全队进攻。

勇士兵不血刃击溃爵士，轻松挺进西部决赛，迎战老而弥坚的马刺。

2017 年 5 月 15 日，西部决赛第一场，勇士在主场以 113 比 111 险胜马刺。

老帅波波维奇运筹帷幄，利用坚韧的整体防守来迫使勇士不断失误，马刺借此占据优势，上半场一度领先 20 分，但随着伦纳德因落地时踩到帕楚里亚脚上而扭伤离场，勇士也开始追分，库里在第三节独得 19 分，率先吹起反攻的号角。最终，库里拿下 40 分，率领勇士击败马刺。金州人虽然获胜，但帕楚里亚的"垫脚"却成为大众议论的焦点。

接下来，伦纳德因伤缺席余下的西部决赛，马刺再无与勇士抗衡的资本。

库里在西部决赛第三场拿下 21 分，季后赛总得分达到 1795 分，超越里克·巴里成为勇士季后赛队史得分王，此外，他还是勇士的季后赛助攻王。

最终，勇士以总比分 4 比 0 淘汰马刺，季后赛连续三轮横扫对手，以 12 胜 0 负的不败战绩挺进总决赛，站在他们对面的是，依然是老对手——克利夫兰骑士。

2017 年 6 月，勇士和骑士连续第三次在总决赛相遇，共同创造了历史。前两次是詹姆斯和库里——第一控卫和第一小前锋的对决，互有胜负。现在，库里身边多了杜兰特。

这次总决赛阵容之盛世所罕见：集中了六届得分王、七届常规赛 MVP、现役前五中的三位巨星、场均得分最高的球队、三分火力最强的球队……

对于库里和杜兰特来说，这次总决赛的意义不同，因为对面横亘着那位曾让他们饱尝失利苦涩的家伙。詹姆斯曾经率领热火在 2012 年总决赛击败杜兰特的雷霆，又在 2016 年总决赛逆转库里领军的勇士，让金州人有了"73 胜总亚军"的笑柄。

手持镰刀的"死神"杜兰特降临金州，库里已经打通了任督二脉，他们已经为率队在总决赛击败骑士做好准备。为了完成对"大魔头"詹姆斯的复仇，库里与杜兰特都做出牺牲，一位从持球到无球，一位减少单打变成团队球员。

杜兰特和库里的外线组合几乎没有弱点。杜兰特让对手死掐勇士三分线、重兵布防"水花兄弟"的战术失效，因为杜兰特的恐怖单打能力会瞬间摧毁对方的防守，达阵得分。

库里持球的时候，杜兰特无球空切，将他的高效发挥到了极致；杜兰特持球的时候，他可以面对任何人进行单打，这是一个兼容两种战术的体系，联盟无人能够限制。

2017 年季后赛，库里、杜兰特、汤普森、格林和伊戈达拉组成的"死亡五小"配合默契，没有了常规赛初期的那些磕磕绊绊，成为勇士横扫联盟"大杀器"。

雪耻卫冕

STEPHEN CURRY

2017 年 6 月 2 日，总决赛第一场，尽管"死神"早早亮出镰刀，大开杀戒，上半场就砍下 23 分，但骑士的防守重心依然锁定在库里身上，一刻也不肯松懈，因为他们知道，库里才是勇士的进攻之源。骑士宁愿看到杜兰特一个人的得分狂欢，也不愿意看到库里找到手感的同时，再带动全队火力全开，那样比赛瞬间就会被打花……

科尔教练看到骑士对库里重兵防守，令旗一挥，尝试让库里和杜兰特挡拆，于是骑士的噩梦开始了。在"杜库"挡拆的强大威慑下，整个骑士防线漏洞百出，勇士众将轮番冲入对方腹地。迫于无奈，下半场骑士收缩防线，机敏的库里马上嗅到机会，与队友进行高位挡拆，让队友可以借机顺下、轻松上篮得分。

骑士始终无法限制库里，最终以 91 比 113 败北。库里砍下 28 分，命中 6 记三分球，送出 10 次助攻，彻底瓦解了骑士的防线。杜兰特砍下 38 分、8 个篮板、8 次助攻，没有失误，宛如一部高效冷酷的得分机器，摧城拔寨不可阻挡。勇士众将也点点开花，射出丰富而又立体的火力网，让骑士无法防范。此战成为整个总决赛的缩影。

总决赛第二场，勇士在主场以 132 比 113 再胜骑士。库里狂揽 32 分、10 个篮板、11 次助攻，收获个人季后赛的首次"三双"，也成为勇士首位季后赛"30+ 三双"先生。在这个"三双之夜"，库里留下经典的一幕，比赛第三节，他在右侧 45 度角单打詹姆斯，凭借着蝴蝶穿花般灵巧步伐让老詹无法形成有效逼抢，然后一个后转身突然加速，詹姆斯跟不上灵活的库里，只能目送对手上篮得手。

此役过后，勇士豪取季后赛 14 连胜，再次刷新 NBA 季后赛的连胜纪录。

勇士火热手感延续到客场，第三场在克利夫兰以 118

比 113 再胜骑士，即便詹姆斯拿下 39 分、11 个篮板、9 次助攻，依然无法阻挡"水花 &
死神"火力全开的勇士，库里、汤普森、杜兰特联手命中 15 记三分球。

　　总决赛第四场，詹姆斯轰下 31 分、10 个篮板、11 次助攻的豪华"三双"，骑士"三
巨头"合砍 94 分，率队以 137 比 116 击败勇士，将总比分扳成 1 比 3。

　　2017 年 6 月 13 日，总决赛第五场，回到甲骨文球馆的勇士志在必得，骑士回天乏术，
最终 120 比 129 不敌勇士，以总比分 1 比 4 败北，目送对手捧起奥布莱恩金杯。

　　库里在第五场拿下 34 分、10 次助攻，整个总决赛表现也可谓惊艳，但在他身边站
着第五场以 70% 命中率轰下 39 分的"死神"。在 2017 年夏天，杜兰特打出历史级别的
总决赛，场均砍下 35.2 分、8.2 个篮板和 5.4 次助攻，命中率高达 56.6%，并在攻防两端
抑制了詹姆斯。最终，杜兰特在拉塞尔手中接过总决赛 MVP 奖杯。

　　世人皆认为杜兰特从库里手中夺走总决赛 MVP，但库里本人却无所萦怀，心思单
纯的他笑意盈盈，与杜兰特拥抱祝贺，并与队友一起欢庆第二次捧起总冠军奖杯。

　　勇士击败骑士，完成一次酣畅淋漓的完美复仇。即便总决赛 MVP 奖杯颁给杜兰特，

但世人皆知，这支勇士的灵魂依然是那位面容清秀、玲珑俊逸的"萌神"。

库里在 2017 季后赛场均得到 26.2 分、6.2 个篮板、6.7 次助攻，投篮命中率高达 48.4%，场均 4.2 记三分球，联盟第一！真实命中率高达 67.5%，联盟第一！

即便到了高端局（总决赛），库里的表现也不遑多让，场均交出 26.8 分、8 个篮板、9.4 次助攻、2.2 次抢断的优异成绩单。再一次与总决赛 MVP 奖杯擦肩而过的那一刻，让无数库迷意难平，但库里却从容恬淡，在他的篮球世界里，团队的胜利永远高于个人荣誉。

勇士总冠军颁奖仪式，库里准备发言时，甲骨文球场瞬间沸腾了，"MVP"呼声响彻云霄，库里颔首回应、目光清澈，亦如当年初登赛场的青葱少年。

2017 年 6 月 16 日，奥克兰整座城市成为一片蓝黄色的狂欢之海，数以十万计球迷涌上街头，夹道欢迎他们心中的"勇士"。勇士队的成员以及他们的家人登上十几辆花车，从著名的百老汇大街 11 号开始了他们的夺冠庆典游行。

2017 年的夏天，金州球迷无比幸福与骄傲，因为勇士创造了历史，他们不仅卫冕总冠军，还在季后赛打出 16 胜 1 负的辉煌战绩，那 2001 年"OK 组合"领衔的湖人所书写的 15 胜 1 负历史最佳战绩作古，同样连胜 15 场也成为历史第一。

勇士在 2016/2017 赛季场均助攻数高居联盟榜首，直追那支"SHOW TIME"时代的湖人。他们的进攻震古烁今的同时，防守效率也属于联盟顶级，更为恐怖的是，他们似乎还未尽全力，这样的勇士，堪称 NBA 历史的最强球队之一。

星辰大海

STEPHEN CURRY

随着勇士重夺总冠军，2016/2017 赛季也落下帷幕。

2017 年 7 月 1 日，库里之前 4 年 4400 万美元的合同到期之后，勇士立即奉上一份 5 年 2.01 亿美元的续约合同，这份创历史纪录的合同签订之后，库里也准备续写"一人一城"的 NBA 版现实童话。NBC 体育对此评价："勇士给库里这样一份合同根本无须考虑，库里是 MVP，是史上最好的射手，他也是这支勇士的心脏。"

杜兰特为了篮球梦想来到勇士，在当今最先进的团队之中获得了至高的个人荣誉，也融入这个气氛融洽的团队。为了保留夺冠阵容的完整性，杜兰特主动申请降薪，与勇士签下 2 年 5300 万美元的合同，这样为球队节省 1000 万美元，勇士可以同时留下伊戈达拉（3 年 4800 万美元）和利文斯顿（3 年 2400 万美元）。

勇士在 2017 年休赛期可谓风光无限，他们不仅招募来尼克·杨，还获得 ESPY 最佳团队奖。颁奖现场杜兰特惨遭调侃，主持人佩顿·曼宁介绍："欢迎来自俄克拉荷马雷霆的凯文·杜兰特……我们女子体操队具有统治力，杜兰特说他想加入这支队伍。"杜兰特在台下一片哄笑中有些尴尬。

库里上台缓和了这些尴尬，他言归正传："这是难以置信的一年，赛季初我们的球队一片喧嚣，不过我们埋头工作、彼此信任，九个月之后，我们

又得到了一个总冠军。"

2017/2018 赛季，勇士在开始阶段处于慢热期，前 24 场仅取得 18 胜 6 负，这对于其他任何球队而言都是绝佳战绩，但对于勇士来说，却是近四年中最差的开局。

勇士遭遇伤病潮，首当其冲的便是库里。他的右手无名指遭遇伤病，必须缠好绷带才能出场，这也影响了他的手感。库里的三分球命中率一度跌至 37.7%，创职业生涯新低，不过他增加了突破得分，依然保持着惊人的进攻效率，场均能得到 26.1 分。

"水花兄弟"的另一位则打出生涯的巅峰表现，汤普森的投篮命中率为 51%，三分命中率为 47%，罚球命中率为 86%，正在变成"180 俱乐部"一台投篮机器。

整个 12 月份，虽然库里因伤只打了三场比赛，但勇士依旧打出 13 胜 2 负的骄人战绩。2017 年 12 月 31 日，勇士在主场以 141 比 128 击败灰熊，库里砍下 38 分，三分球 13 投 10 中。这一天，库里打出一场很"萌神"的比赛，以此宣布王者归来。

第九章
三冠王朝

斯蒂芬·库里传

卫冕征程

STEPHEN CURRY

　　时间进入 2018 年，一路保持联盟第一胜率的勇士队内出现松懈情绪。科尔教练立即给予批评，"我们徘徊在混乱与无序之间，必须保持比赛的专注度。"科尔的训诫让勇士重新清醒，回到正轨的勇士在 1 月依旧强势，交出一份优秀的成绩单——11 胜 3 负。

　　在 NBA，要完成卫冕总冠军绝非易事，库里坦言，"即便强如马刺，即便在波波维奇执教下，也没能完成卫冕。我们要想卫冕，需要面临巨大挑战。"

　　库里伤愈归来之后，比之前更可怕，得分效率又有所提升，持球单打更加坚决自信，也更善于利用自身的优势去撕裂对手的防线。2018 年 1 月 7 日，勇士在客场 121 比 105 击败快船，库里砍下 45 分，罚球 16 罚 15 中，创造生涯单场罚球命中数的新高。

　　2018 年 1 月 28 日，勇士坐镇主场迎战凯尔特人，这是东西部榜首球队的正面交锋，库里与欧文再次直面相决。欧文手感火热，前 7 投全中。库里给予强势回应，第三节投

中 4 记三分球，单节轰下 18 分，率领勇士反超比分。最终库里 24 投 16 中，三分球 13 投 8 中，砍下赛季新高的 49 分，率领勇士以 109 比 105 险胜凯尔特人。

欧文也不遑多让，他 18 投 13 中，三分球 6 投 5 中，高效砍下 37 分，与库里联袂呈现了一场对飙盛宴，反映出当今联盟两大控卫的最强水平。

2 月 2 日，库里当选 1 月西部最佳球员。主教练科尔对爱徒也不吝赞美，他甚至认为库里在球队进攻端的影响力已经超越了他的昔日队友——乔丹。

2018 年 2 月 19 日，洛杉矶全明星赛在斯台普斯进行。因为赛制改革，库里成为西部全明星队的首任队长，他率领（西部）库里队与（东部）詹姆斯队展开较量。最终詹姆斯队以 148 比 145 分险胜，詹姆斯砍下 29 分、10 个篮板、9 次助攻，力压库里（11 分、6 个篮板、5 次助攻），夺得全明星 MVP，在"阿克伦内战"中扳回了一城。

2018 年 2 月 27 日，勇士在客场以 125 比 111 战胜尼克斯，第三节单节净胜对手超 20 分，本赛季第七次完成如此壮举后，"勇三疯"的名号逐渐响彻联盟。

2018 年 3 月 14 日，库里迈入 30 岁的大关。三十而立的库里进入新境界：灵动飘忽的步伐丝毫没有迟滞，在场上的大局观也与日俱增。他可以从容拆解对方的任何防守，用心有灵犀的短传、纵贯全场的长传，来串联队友、策动进攻。

勇士在 3 月开始遭遇伤病潮：3 月 11 日对森林狼，汤普森右手拇指扭伤，休息八场；3 月 14 日对阵湖人，杜兰特肋骨骨折，休战六场；3 月 19 日对马刺，格林膝盖受伤，休息三场；3 月 23 日战胜老鹰，库里左膝韧带二级扭伤，需要六周的休息时间。

2017/2018 赛季，库里因为伤病困扰，缺席了 31 场比赛，但他健康时在场上，依然保持 MVP 级别的统治力，场均贡献 26.4 分、5.1 个篮板、6.1 次助攻、1.6 次抢断，投篮命中率达到 49.5%，三分球命中率为 42.3%。

这个赛季火箭大打"魔球"、异军突起，豪取队史最佳的 65 胜战绩，高居本赛季联盟战绩榜的头名。取得 58 胜的勇士只能以西部第二的身份挺进季后赛，这也意味着接下来的季后赛，如果勇士遇到火箭将失去主场优势。

勇士遭遇突如其来的集体伤病潮，并在四年来首次失去榜首位置，这些不利因素让这支总冠军球队的卫冕之路变得有些扑朔迷离。

扶摇上西巅

STEPHEN CURRY

2018 年 4 月 15 日，季后赛首战，勇士对阵马刺。虽然库里因伤缺阵，但勇士还是凭借令人窒息的防守以及充满侵略性的立体进攻，轻松赢得比赛。

第二场勇士失误频频，但还是赢得胜利，这足以体现两队之间的实力差距。

4 月 19，波波维奇妻子艾琳因病去世，第三场开始前，作为昔日弟子的科尔给波帅送上悼念师母的短信，回到赛场，勇士还是干净利落地击败马刺。

第四场，众志成城的马刺赢下尊严之战，拒绝被横扫。

最终，勇士以总比分 4 比 1 淘汰马刺，挺进下一轮。

2018 年 4 月 30 日，西部半决赛第一场，勇士对阵鹈鹕。鹈鹕在首轮横扫开拓者，兵锋正盛，"浓眉"安东尼·戴维斯在首轮场均砍下 33 分、12 个篮板，但新奥尔良青年军在奥克兰甲骨文球馆还是迷失了自我，对面的勇士却打出历史级别的进攻。

勇士在上半场便砍下 76 分，刷新季后赛上半场得分历史纪录的同时，让鹈鹕倍感绝望。鹈鹕在一场大败之后，听到更扎心的消息：库里要复出了。

西部半决赛第二场，库里时隔五周终于伤愈归来。他替补出场，仅过了 12 秒，就命中一记三分球，之后又命中了一记超远三分球，两记远投轻松入网，宣告那位无所不能的"萌神"又回来了。复出的首战，库里三分球 10 投 5 中，砍下 28 分。

第三场，科尔将麦基选进先发，然而面对鹈鹕的小球阵容，麦基陷入挣扎，勇士在客场收获一场惨败。科尔在第四场再度变阵，将伊戈达拉提上先发。库里、汤普森、伊戈达拉、杜兰特和格林同时在场，勇士的正负值达到 +26，"死亡五小"在首节就早早确立 20 比 8 的领先，第三节又打出一波高潮，带走了比赛的悬念。

之后勇士气势如虹，再下两城，以总比分 4 比 1 淘汰鹈鹕，挺进西部决赛。

勇士渐入佳境，尤其是在 5 月 9 日西部半决赛第五场，金州"四巨头"同时发飙，库里拿下 28 分、8 次助攻，其中三分球 16 投 10 中，汤普森砍下 23 分，杜兰特轻取 24 分，格林贡献 19 分，四人合计砍下 94 分。勇士在主场以 113 比 104 大胜鹈鹕。

此情此景，令科尔教练不禁心生豪迈："勇士'死亡五小'阵容让我想起了昔日公牛五人组：乔丹、皮蓬、罗德曼、库科奇和哈珀，这套阵容将攻守都发挥到了极致。"

 03

火勇大战

STEPHEN CURRY

　　勇士轻松跨过季后赛的前两轮，在西部决赛迎来真正的对手——哈登与保罗领衔的火箭。这一次，勇士没有了主场优势，因为火箭在常规赛的战绩更强。

　　2017/2018 赛季开始前，火箭几乎用半支球队为筹码，从快船换来克里斯·保罗。在保罗的加持下，火箭在 2017/2018 赛季打出队史最佳的 65 胜，哈登也登上生涯巅峰，场均砍下 30.4 分、5.4 个篮板、8.8 次助攻，甚至还打出 60+ "大三双"历史级全能数据，无可争议地捧起常规赛 MVP 奖杯。

德安东尼教练将"极限五小"战术发挥到极致，在（保罗＋哈登）"宝莲灯组合"双核驱动下，火箭无限换防、全员皆射、三分如雨，进攻如行云流水，他们将团队协作、战术执行、远程投射能力都达到圆熟完美，豪取 17 连胜也是情理之中。

这样一支火箭不仅强悍无比，而且还专门为勇士打造独特战术，他们的"无限换防"似乎是"抗勇"的法宝，这一次，勇士遇到了真正的挑战。

2018 年 5 月 15 日，西部决赛第一场，勇士在客场以 119 比 106 战胜火箭。库里拿下 18 分、8 次助攻，与杜兰特、汤普森合力拿下 83 分，哈登以 41 分回应，无奈独木难支，一场"三英战吕布"过后，火箭在主场吞下失败的苦果。

5 月 17 日，西部决赛第二场，杜兰特砍下 38 分，但勇士其他球员手感不佳，库里也仅拿下 16 分、7 次助攻。反观火箭火力全开，一共命中 16 记三分球，5 人得分上双。哈登贡献 27 分、10 个篮板，率领火箭在主场以 127 比 105 大胜勇士，将总比分扳平。

第三场回到金州，勇士在主场以 126 比 85 狂胜火箭。库里仅出场 34 分钟便拿下 35 分，效率之高历史罕见。此外，库里在第三节单打巴莫特成功后，转向观众席吐出牙套，大声宣泄："这是我的主场！"须臾之间展现出"金州之王"的强大气场。

火箭此战狂输 41 分，创队史季后赛输球最大分差。德安东尼教练有些无奈地说："因为这是勇士的主场。关键时刻球迷会给他们很大的能量。"

第四场，勇士在主场以 92 比 95 负于火箭，即便库里拿下 28 分，也未能捍卫主场的胜利。火箭一路落后，第四节开始时依然落后 10 分。危急时刻，保罗单节豪取 14 分，化身"圣保罗"的他带领火箭在甲骨文球馆逆转取胜，将总比分扳成 2 比 2 平。

5 月 25 日，西部决赛第五场，回到主场的哈登发挥失常，三分球 11 投全失。保罗再次力挽狂澜，下半场独揽 18 分苦苦支撑，砍下 24 分的戈登成为火箭的奇兵。

最终，勇士在这场"天王山之战"以 94 比 98 不敌火箭。库里得到 22 分、6 次助攻。

"天王山之战"堪称惨烈，双方交替领先 16 次，最终火箭惨胜，也付出巨大代价，保罗因为腿筋拉伤，缺席余下的西部决赛。

没有保罗的火箭依然骁勇，第六场他们全力奋战，一度领先勇士 17 分。上届冠军现在总比分以 2 比 3 落后对手，此战再败，将被火箭淘汰，卫冕大业将随风成空。

又是第六场，又是勇士濒临绝境，又是汤普森变身为"G6 汤"，三分球 14 投 9 中，狂攻 35 分，率领勇士强势逆转，以 115 比 86 大胜火箭。库里贡献 29 分、6 次助攻，当"水花兄弟"双双爆发时，勇士变得不可阻挡。

值得一提的是，勇士与火箭进入西决"抢七大战"，东部的骑士同凯尔特人也战成 3 比 3 平，**NBA** 时隔 39 年再次出现东西部决赛"双抢七"的盛况。

5 月 29 日，西部决赛第七场，火箭一度占据优势，上半场结束时他们领先 11 分。勇士出现焦躁情绪，格林和杜兰特在场上对喷，库里对着记分牌陷入迷思："我觉得那一刻我们就要分道扬镳了。"中场休息，科尔教练在更衣室稳定住球员的情绪，他提出大家先完成一个小目标，安心执行战术。

下半场开始，库里率先发力，并在第三节单节砍下 14 分，率领勇士反超火箭，一举锁定胜利。勇士最终在客场以 101 比 92 战胜火箭，以总比分 4 比 3 晋级总决赛。

库里在"抢七大占"中豪取 27 分、9 个篮板、10 次助攻的"准三双"，命中 7 记三分球，成为勇士淘汰火箭的首席功臣。勇士连续四年杀入总决赛，面对的还是老对手骑士。

卫冕三冠成

　　2018 年季后赛，33 岁的詹姆斯打出史上最强悍的个人表现，他凭借一己之力抢七淘汰步行者、四场横扫猛龙、七番战逆转凯尔特人，单赛季季后赛完成两记经典绝杀，将一支季后赛边缘的骑士带到总决赛。这是詹姆斯连续第八年率队闯入总决赛，也是他连续第四年率领骑士在总决赛上与勇士相遇。

　　2018 年 6 月 1 日，总决赛第一战率先在甲骨文球馆打响。詹姆斯将季后赛的"灭霸"模式延续到总决赛，在第一场砍下 51 分，贡献 8 个篮板、8 次助攻，单赛季季后赛第八次得分 40+，追平杰里·韦斯特，并列历史第一。詹姆斯毕其功于一役的战斗险些换来一场胜利，但骑士与胜利之间只差了一个——J.R. 史密斯。

　　第四节结束前 4.7 秒，骑士后卫乔治·希尔博得两次罚球，第一罚命中，将比分追成 107 平。第二个罚失，J.R. 史密斯抢到前场篮板，运球到弧顶之外，似乎要控球到比

赛结束，而不是进攻。站在一旁的詹姆斯几乎抓狂，提醒 JR 要立即进攻，当史密斯把球传给希尔，由于此前耗时太多，希尔被迫压哨仓促出手不中，比赛进入加时赛。

骑士主帅泰伦·卢则对于弟子如此操作已经无语，他认为是 J.R. 史密斯记错了比分，以为骑士当时领先 1 分。J.R. 史密斯的"无脑"操作，让骑士错失了一次绝杀机会。

进入加时赛，实力更胜一筹的勇士再也没有给对手任何机会，他们连得 9 分，最终以 124 比 114 击败骑士。库里首战得到 29 分、6 个篮板、9 次助攻，表现可圈可点。

经此一败，骑士士气大跌，彼此实力悬殊，詹姆斯纵有通天之能，也回天乏术。

总决赛第二场，库里迎来大爆发，拿下 33 分、7 个篮板、8 次助攻，投中 9 记三分球，超越雷·阿伦（8 记），创造总决赛单场三分命中数的新纪录。勇士以 122 比 103 再次击败骑士，挟 2 比 0 的巨大优势，开赴克利夫兰。

6 月 7 日，总决赛第三场，回到主场的骑士发起反击，杜兰特上演"死神降临"，轰下 43 分，13 个篮板、7 次助攻，并在终场前 49 秒命中一记"杀人诛心"超远三分球，这记进球与上届总决赛时他面对詹姆斯命中的那记远投，几乎同出一辙。

勇士最终在客场以 110 比 102 战胜骑士，拿下第三胜，詹姆斯纵然拿下 33 分、10 个篮板、11 次助攻的"豪华大三双"，也无奈成为"空砍帝"。

2018 年 6 月 9 日，总决赛第四场，勇士在客场以 108 比 85 战胜骑士，以总比分 4 比 0 横扫对手，夺得总冠军。成功卫冕的勇士完成"四年三冠"的壮举，这是队史第 6 届总冠军，跟公牛一起并列 NBA 历史夺冠榜的第三位。

三冠即王朝，勇士虽然没有完成王朝标配"三连冠"，但他们的"四年三冠"也堪称 21 世纪 NBA 的伟业，除了世纪之初"OK 组合"领衔的那支湖人之外，没有球队能完成如此壮举。一个雄奇瑰丽的"金州王朝"赫然浮现，横亘在 NBA 的版图之上。

彼时勇士拥有极致的天赋与战术，"四巨头"都正值巅峰，"水花兄弟"超凡投射，杜兰特无解单打……如果不出意外，他们将统治联盟很多年。

巅峰之憾

2018 年总决赛，杜兰特场均得到 28.5 分、10.8 个篮板、7.5 次助攻和 2.3 次盖帽，蝉联了总决赛 MVP。虽然库里再次错过这个奖项，但他的表现相较杜兰特不遑多让，总决赛场均得到 27.6 分、6.8 次助攻，场均投进 5.5 个三分球，并在第三场命中创纪录的 9 记三分球。虽然库里在第三场手感不佳，三分球 10 投仅 1 中，但很快在第四场时找回手感，命中 7 记三分球，拿下 37 分，体现出 MVP 级别的调整力。

勇士四年三夺总冠军，库里厥功至伟，高举总冠军奖杯的他笑容灿烂。即便总决赛 MVP 奖杯依旧不属于他，库里内心毫无波澜，勇士能够再度登顶，他已然如愿。

总决赛 MVP 的评选，一直对库里有些偏见。2015 年的那座奖杯归属伊戈达拉，就颇有争议。而 2017 年、2018 年库里没能获得总决赛 MVP，再一次将争议推向

风口浪尖，勇士蝉联总冠军表象是杜兰特的超神表现，但"战术轴心"库里才是勇士取胜的关键。

骑士对库里进行疯狂包夹，轮番"关照"。库里吸引对方的重兵防守，才让身边队友有了进攻的开阔地，才有杜兰特"死神降临"。

虽然象征最高个人荣誉的总决赛 MVP 奖杯旁落，但是库里还是特别开心。当杜兰特捧起"拉塞尔杯"时，库里送上真诚的拥抱与祝福。

这就是库里，尽管他一路傲立潮头，却依然能虚怀若谷，依然能用纯真的笑容来感染身边每一个战友。无论经历什么样的伤病、困苦，他总能一如既往地去笑着面对挑战。我们有理由相信，他的征途是星辰大海！

2018 年 6 月 13 日，勇士总冠军游行庆典在奥克兰隆重举行。库里高举奥布莱恩杯，戴着总冠军帽傲立车头。杜兰特和汤普森与夹道欢迎的球迷亲密互动。勇士众将尽情享受着万众的拥戴，进行一场盛大的狂欢。

在总决赛的游行庆典上有一幕耐人寻味：当杜兰特举起总决赛 MVP 奖杯时，全场的欢呼声有些寥落，库里走上台前致辞时，MVP 的呼喊声却响彻全场。这种迹象表明这支勇士还是属于库里的球队，这让"外来客"杜兰特很"受伤"。

第十章
王朝坍塌

斯 蒂 芬 · 库 里 传

志在三连冠

STEPHEN CURRY

2018 年休赛期，NBA 发生剧变，诸强开启军备竞赛。詹姆斯"西游"洛杉矶，入主湖人后改变了联盟的东西部格局。伦纳德与德罗赞互换，告别马刺北赴多伦多，成为猛龙的新主人。休斯敦火箭将安东尼招致麾下，与哈登、保罗组成"安灯炮"，目标只有一个——掀翻金州勇士的"暗黑"统治。

勇士豪取两连冠，作为总冠军他们在招募球员方面无须大费周折，仅用一年 534 万美元的合同就签下德马库斯·考辛斯（一位在 2017/2018 赛季场均能得到 25.2 分、12.9 个篮板、5.4 次助攻的顶级中锋）。勇士可谓"五虎"聚首，其阵容足以令其他球队望峰息心，NBA 似乎又要大结局了。

库里在休赛期一向低调，他名字出现在新闻上，永远都是训练、备战的主题。勇士已经建立了王朝，刚过而立之年的库里就成为一支王朝球队的灵魂人物。

2018 年休赛期，原本实力超群的勇士又增加了一头"内线猛兽"考辛斯，他们在新赛季的目标只有"三连冠"。"三连冠"意味着王朝，是载入史册最高规格的辉煌大传，每一支"三连冠"球队与球员都留名青史， 这也是现代 NBA 所有球员的梦想与夙愿。除了远古时期的凯尔特人"八连冠"，"三连冠"无疑是最高境界，除了乔丹的公牛与"OK"的湖人之外，还没有哪支球队企及这一境界。

如今，勇士与"三连冠"只差一线，所有人都觉得金州人在 2018/2019 赛季能完成"三连冠"的壮举，因为他们实力明显高出群雄一筹，勇士球员自己也这么认为。

2018/2019 赛季，志在"三连冠"的勇士开局气势如虹。

2018 年 10 月 17 日， 新赛季揭幕战在金州甲骨文球馆打响。雷霆主将威斯布鲁克因伤缺阵，保罗·乔治独自领军，砍下 27 分，险些率队掀翻上届总冠军。好在库里命中 5 记三分球，独砍 32 分，率领勇士保住了主场的胜利，让总冠军戒指光鲜体面。

勇士的这枚 2018 年总冠军戒指异常精美，是第一款可以打开和翻转的戒指，其做工之精美、用料之奢华、设计之独特，都是历史独一档的存在，令人过目不忘。

10 月 25 日， 勇士在主场大胜奇才，库里仅用三节比赛便命中 11 记三分球，轻松拿下 51 分，成为 NBA 近十年里首位三节得分 50+ 球员。

　　10 月 27 日，勇士远赴纽约对阵尼克斯，库里命中 6 记三分球，率队以 128 比 100 大胜对手的同时，成为首位开赛后连续 6 场命中 5 记及以上三分球的球员，此后库里又将连续命中 5+ 三分球的场次纪录延续到了第 7 场。

　　随着杜兰特的加盟，"水花兄弟"升级为"海啸兄弟"，库里、汤普森与杜兰特的三人组无疑达到历史最强级别。库里在赛季之初便大放异彩，汤普森也不甘落后，他在 10 月 30 日的芝加哥联合中心，仅出场 27 分钟，便投进 14 记三分，豪取 52 分，超越库里（13 记），创造 NBA 球员单场三分球命中数的新纪录。

　　杜兰特也在麦迪逊广场花园末节独得 25 分。"海啸兄弟"轮流爆发，率领勇士在新赛季连战连捷。前 11 场比赛，他们只在丹佛高原输了一场。

巨舰迷航

STEPHEN CURRY

2018/2019 赛季伊始，金州勇士就像一艘豪华巨舰，乘风破浪、无法阻挡，他们的目标彼岸就是"三连冠"。

然而，勇士一片大好的形势，却因为库里突然伤病而变得扑朔迷离起来……

2018 年 11 月 9 日，勇士对阵雄鹿，这是东西部榜首球队的一场恶战。雄鹿在第三节袭下 41 分，一举击溃如日中天的勇士。对于金州而言，比惨败更揪心的是，库里受伤了。

库里在此战遭到对手冲撞，导致左大腿的内收肌拉伤，被迫停战休养。

在库里养伤期间，勇士这艘巨失去掌舵人的舰，遭遇急流暗礁，开始逐渐迷航。

"杀死冠军的永远是冠军本身"，莱利的名言印证在勇士身上。库里休战，群龙无首。杜兰特空有一身好武艺，但没有说服勇士众将的资历，格林第一个不服。

11 月 13 日，勇士与快船在最后 6 秒战成 106 平。格林持球发起最后一攻，无视杜兰特要球，自己持球攻击却失误。进入加时赛，杜兰特六犯离场，勇士最终失利。

赛后杜兰特跟格林发生激烈争吵，格林那句"你没来之前，我们已是总冠军"深深地刺痛了杜兰特，为他日后在总决赛强行复出以及离开勇士埋下伏笔。著名的"格林公式"自此产生，四年之后完成"闭环"，成为杜兰特永远的梦魇，那些是后话。

此时格林与杜兰特"吵架门"并非只是战术分歧那么简单，还有利益之争，勇士想在 2019 年夏天留住杜兰特，因为"工资帽"的限制，不得不在格林和汤普森之间二选一。正是因为要影响到新合同，让格林基于自身利益的考虑，对于杜兰特心生嫌隙。

尽管格林与杜兰特在勇士管理层的调节下，表面上言归于好，但一语伤人六月寒，"没有你，我们已是总冠军"，终究成为杜兰特心中一根无法拔出的刺。

2018 年 12 月 2 日，库里伤愈复出了。

复出后的库里很快就进入状态，12 月 4 日，库里砍下 30 分并命中这 6 记三分球，率领勇士在

亚特兰大以 128 比 111 大胜老鹰，库里的三分球总命中数也达到了 2200 记。

12 月 24 日，勇士坐镇主场对阵快船，最后 20 秒布拉德利补扣将比分扳成 127 平，随后库里持球单打，晃过哈雷尔，在终场前 0.5 秒右手突破挑篮得分，完成绝杀，率领勇士以 129 比 127 险胜快船。此役，库里砍下 42 分、6 个篮板和 2 次助攻，最后一击没有用擅长的长弓远射，而是用一把匕首近身刺杀，足见库里精通诸技，且能随心驾驭。

库里把好状态保持到新的 2019 年。1 月 6 日，勇士在客场以 127 比 123 险胜国王，库里狂砍 42 分，三分球 20 投 10 中。三分总命中数达到 2277 记，超越"名射手"科沃尔，升至 NBA 三分球总命中榜数榜的历史第 4 位。

1 月 12 日，库里又在对阵公牛的比赛中命中 5 记三分球，超越特里，跻身 NBA 总命中榜数榜的前三名，自此他的前面只有两位大神——雷吉·米勒与雷·阿伦。

库里的强势表现掩盖了球队的一些问题，但勇士仍然在各种矛盾中内耗自己。他们的防守效率不高，无法保持持续的统治力，对于一支已经两连冠的球队也很正常。

追溯历史，NBA 联盟每一支完成"三连冠"伟业的球队，在第三冠的征程上，都会出现各种各样的矛盾，比如公牛的格兰特与乔丹，又比如湖人的科比与奥尼尔，那些似乎都要比格林与杜兰特的矛盾更严重。

五度登西巅

STEPHEN CURRY

进入三月份，勇士在联盟的形势已经逐渐明朗，从战绩上来看，他们追不上东部的雄鹿和猛龙，但在西部，头把交椅坐得相当稳当。

2018/2019 赛季战罢，勇士最终取得 57 胜 25 负的战绩，虽然位列西部第一，但排在东部的雄鹿（60 胜）、猛龙（58 胜）之后，屈居联盟第三，这让勇士失去总决赛的主场优势，为卫冕"三连冠"留下隐患。对于"五星勇士"来说，这样的成绩不算如意。

库里在本赛季场均得到 27.3 分、5.3 个篮板、5.2 次助攻，场均命中 5.1 记三分球。他和杜兰特依然保持着很高的水准，但汤普森的稳定性下降，格林的进攻威胁更是降到冰点，大家又老了一岁，"宇宙勇"并未让 NBA 迎来大结局。

2019 年 4 月 14 日，勇士在季后赛首场以 121 比 104 轻取快船。库里得到 38 分、15 个篮板、7 次助攻，投中 8 记三分球，季后赛三分球总命中数为 386 记，超越雷·阿伦成为 NBA 季后赛三分王（命中三分球最多的球员）。

首场大胜，勇士显然未把没有保罗的快船放在心上，但轻敌很快让他们付出代价。

4 月 16 日，季后赛第二场，勇士在上半场一度领先快船 31 分，第三节遭到这支"平民之师"的疯狂反噬。快船在第三节袭下 NBA 历史新高的 44 分，并一鼓作气完成逆转，以 135 比 131 击败勇士。这场比赛，贝弗利如斗犬一般死缠杜兰特，导致二人冲突不断，均 6 犯离场，这种"兑子战术"显然对快船更有利。

输了一场的勇士才如梦初醒，知耻而后勇。移师洛杉矶的勇士分别以 132 比 105、113 比 105 连胜快船两场，确立 3 比 1 的优势。快船异常顽强，在第五场以 129 比 121 击败勇士，将总比分追至 2 比 3。

2019 年 4 月 25 日，第六场，客场作战的勇士不容有失，因为下一轮的对手火箭已经开赴奥克兰。杜兰特上半场就砍下季后赛历史第二高的 38 分，全场得到 50 分，勇士以 129 比 110 击沉快船，并以总比分 4 比 2 淘汰对手。为了让勇士进入下一轮，提前进入"六月死神"模式的杜兰特透支了体能，埋下日后受伤的隐患。

西部半决赛，勇士在第一场以 104 比 100、第二场以 115 比 109，连克火箭。转战休斯敦，火箭又以 126 比 121、112 比 108 两败勇士，双方 2 比 2 战平。

　　"天王山之战"于 2019 年 5 月 9 日在奥克兰打响。第三节杜兰特在一次落地无对抗的情况下拉伤小腿，意外离场，面对强大的火箭，库里挺身而出接管比赛，上演"王者归来"的戏码，在杜兰特缺阵后独砍 16 分，率领勇士以 104 比 99 战胜火箭。

　　2019 年 5 月 11 日，西部半决赛第六场，虽然勇士以大比分 3 比 2 领先，但杜兰特因伤缺阵，勇士能否赢下比赛，充满悬念。此役库里在上半场全面哑火之后，在下半场突然爆发，狂砍 33 分，第四节更是独得 23 分，一人打爆火箭防线。率领勇士以 118 比 113 战胜火箭，晋级西部决赛。缺少杜兰特，勇士并没有停止进军"三连冠"的步伐，因为最强之人已在阵中。他们有"随时能摧毁对手"的库里。

　　西部决赛，库里场均轰下 36.5 分，投进 6.5 记三分球，贡献 8.3 个篮板、7.3 次助攻。面对这样"逆天"表现，对面的开拓者毫无还手之力。最终，勇士以 4 比 0 横扫对手，连续第五年杀入总决赛，然而，这次他们总决赛的对手不再是詹姆斯的骑士。

　　勇士虽然挺进总决赛，但杜兰特在西部半决赛的那次右小腿拉伤一直未愈，这将导致他将无限期地缺席接下来的总决赛，"三连冠"计划出现变数。

王朝难继

STEPHEN CURRY

2018 年夏天，詹姆斯"西游"洛杉矶，失去"皇权"统治的东部联盟在 2018/2019 赛季群雄并起。猛龙在伦纳德的强势率领下一路杀入总决赛，尤其是在"抢七大战"命中那一记"三次颠筐"的绝杀三分球之后，伦纳德多了几分王者的气韵。

猛龙虽猛，但他们无法战胜"五星勇士"，但缺少杜兰特的勇士，猛龙并不惧怕！

2019 年总决赛，第二场勇士与猛龙战成 1 比 1 平，第三战转战甲骨文球馆。

2019 年 6 月 6 日，总决赛第三场，回到金州，勇士伤兵满营，杜兰特（小腿受伤）和汤普森（腿筋拉伤）双双缺阵，独撑危局的库里首节就拿下 17 分。半场独得 25 分，三节轰下 40 分，全场得到个人季后赛新高的 47 分，纵然他倾尽全力，也难挽回颓势，最终勇士在主场以 109 比 123 不敌猛龙。

比赛终场前，镜头给到场边的库里，"萌神"的眼神中充满着落寞和不甘，一场极

致的孤军奋战换不回一场胜利，空留一种无可奈何的挫败感。

不管格林的"嘴炮"如何，杜兰特都是勇士除了库里之外最强大的得分点。依靠"杜库"的出色表现，勇士之前掩盖了许多弱点：没有可倚靠的角色球员，格林外线准星下滑，伊戈达拉已经老迈，考辛斯大伤……缺少杜兰特，猛龙针对库里做足功课，频繁包夹、围追堵截。虽然汤普森依然神勇，"水花兄弟"杀伤十足，但双拳难敌四手，勇士其他球员低迷，无力阻挡阵容整齐的多伦多猛龙。更糟心的是，汤普森在第二场末节还意外受伤，导致第三场无法披挂上阵。

第四场，库里虽然拿下 27 分，但在猛龙严防死守下找不到合适的出手节奏，失去神奇手感的"萌神"无力率队取胜，最终勇士以 92 比 105 不敌猛龙。

猛龙以总比分 3 比 1 领先，拿到赛点。勇士上下终于认清现实：没有杜兰特，就无法对抗来势汹汹的猛龙，球队已到了崩溃的边缘，于是第五场他们迫切需要杜兰特。

勇士已蝉联两届总冠军，如果再夺下此冠，那么"三连冠"的勇士无疑将在 NBA 建立起 21 世纪最伟大的王朝。为了历史级别的至高荣耀，为了在勇士得到应有的尊重，也为了那颗骄傲而敏锐的心，杜兰特决定在第五场带伤复出。

6 月 11 日，第五场，杜兰特火线归来，一登场便对猛龙火力压制，三分球 3 投全中，轰下 11 分。然后，杜兰特在第二节还剩 9 分钟时猝然跌倒，捂着右脚脚踝，表情漠然，眼神里写满了悲怆与落寞。随后的一声仰天怒吼，道出英雄末路的无尽心酸与悲怆。

杜兰特被迫仓促复出，导致右腿跟腱断裂，这一伤就是两年。勇士守住杜兰特上场建立的微弱优势，最终以一分险胜猛龙。

2019 年 6 月 14 日，总决赛第六场，已经砍下 30 分的汤普森在一次快攻扣篮时被丹尼·格林犯规，落地不稳，导致十字韧带撕裂，不仅无法比赛，还影响到余下的职业生涯。

库里再次陷入孤军奋战的模式，在猛龙疯狂的"三人包夹"之下，错失绝杀三分，勇士在主场以 110 比 114 负于猛龙，以总比分 4 比 2 不敌对手，"三连冠"梦碎。

　　2019 年总决赛，猛龙夺冠，对于勇士而言，没有如愿完成"三连冠"，
"金州王朝"彻底坍塌，一个时代也就此终结。

　　2019 年总决赛的悲壮与惨烈堪称世间罕有，经此一战，杜兰特与汤
普森均受大伤，赔上接下来的一个赛季以及宝贵的巅峰期。勇士失去这
两位巨星，从独一档的王朝劲旅彻底沦为二流球队。

　　虽然总决赛失利，但勇士仍然能够东山再起，因为他们的"水花追梦"
核心架构尚在，因为他们拥有一个无所不能的库里。

第十一章
孤勇者

斯 蒂 芬 · 库 里 传

"五星勇士"解体

STEPHEN CURRY

2019 年，31 岁的库里经历了一个苦涩的夏天。总决赛失利的阴霾还未散去，勇士又面临着分崩离析的危局。

6 月 27 日，刚刚做完跟腱修复手术，杜兰特就决定顶着巨大的伤病隐患，试水自由球员市场，与格林的那次"吵架门"事件让杜兰特萌生离开勇士的念头。

2019 年 7 月，一纸 4 年 1.64 亿美元的顶薪合同签订之后，杜兰特宣布加盟布鲁克林篮网，虽然因为跟腱断裂导致下一个赛季依然不能上场，但篮网老板蔡崇信还是甘心为杜兰特开出顶薪合同，因为他坚信刚过而立之年的杜兰特值得这个身价。

勇士也给杜兰特准备了一份 5 年 2.21 亿美元的顶薪合同，还想让库里去纽约游说。但杜兰特在金州有着无法愈合的心伤，也许东赴纽约，才是他彼时最好的解脱。

库里刚刚结束中国行，听到杜兰特转会的消息后，还是去了纽约曼哈顿杜兰特的住所，与之当面畅谈。三年并肩作战的时光，两次携手夺冠的际遇，让库里与杜兰特结下深厚的友谊。人各有志，库里对于杜兰特离开勇士表示理解："他要离队，我们仍然是兄弟。"

眼看续约杜兰特将成为镜花水月，为了及时止损，勇士与篮网商讨先签后换，以一份 4 年 1.17 亿美元的高价合同，将全明星控卫德安吉洛·拉塞尔招致麾下。

与此同时，勇士三冠时期的功勋老将纷纷离去，伊戈达拉被送去灰熊，利文斯顿被勇士裁掉之后，宣布退役，就此将自己 15 年的 NBA 职业生涯画上句号。

虽然遭遇低谷，但勇士顽强地保留住核心班底。7 月 11 日，勇士与克莱·汤普森完成 5 年 1.9 亿美元的续约合同，虽然汤普森在总决赛遭受十字韧带撕裂的大伤，但勇士依然甘愿为其付出顶薪，体现出球队温情的一面。

一个月之后，德雷蒙德·格林也如愿与勇士完成了 4 年 1 亿美元的顶薪续约，自此，"水花＋追

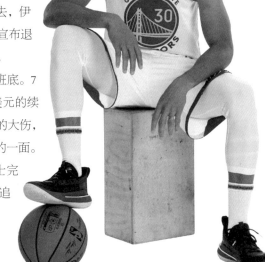

梦"依然留在勇士，也为金州人留下"王朝复兴"的希望。

2019 年选秀大会，勇士在首轮第 28 顺位选中来自密歇根大学的乔丹·普尔，这在当时被看作是冒险的决定。但在普尔为勇士屡建奇功之后，大人都认为这次选秀"真香"。

中锋凯文·卢尼也以一份低于市场价的 3 年 1500 万美元的合同留守奥克兰，这波操作也为勇士后来的复兴之路打下了内线的根基。

库里给每一位离开的队友送上祝福，也真心为留下的队友高兴。经过休赛期的阵容调整，31 岁的库里已经是勇士队中年龄最大的球员，他甚至还幽默地给自己定下了新赛季"睡更多，休息更多"的目标。

当勇士队踏上 2019/2020 赛季的征程时，队中只留下以前的 6 人：库里、格林、养伤的汤普森、卢尼、达米恩·李，以及 2018 年的新秀雅各布·埃文斯。在 ESPN 预测的新赛季排名中，勇士排在西部第六位。事实证明，专家们还是过于乐观了。

至暗时代

STEPHEN CURRY

2019/2020赛季，勇士主场从奥克兰的甲骨文球馆迁到旧金山的大通中心。

10月25日，新赛季揭幕战，勇士的一场惨败给大通中心的首场秀蒙上阴影。他们以122比141负于快船，141分也创下了科尔执教勇士的最多失分纪录。

第二场面对没有威少的雷霆，勇士又吞下28分的惨败，两场一共输掉47分，创下上赛季总决赛球队的最差开局纪录。那支曾经睥睨天下的"宇宙勇"竟然变得如此不堪一击，让许多专家都大跌眼镜。

虽然库里身边少了杜兰特和汤普森，但勇士尚有一战之力。新援拉塞尔没有足够出色的无球能力来配合库里，并且迟迟不能融入球队，成为勇士低迷的原因之一。

库里几乎没有帮手，只能自己拼尽全力。第三场对阵鹈鹕他拿下26分和11次助攻，率领勇士终于取得新赛季的首场胜利。然而，天有不测风云。

2019年10月31日，勇士坐镇主场对阵太阳。独自率队连续征战、消耗严重的库里在一次突破时被夹击后失衡倒地，对方中锋贝恩斯的庞大身躯重重地压在库里手腕上，导致库里左手掌骨骨折。随后库里被迫接受手术治疗，开始了漫长的恢复期。

库里倒下了，克莱重伤未愈，"追梦"格林带着一帮"杂牌军"苦苦挣扎，勇士从联盟豪强跌至鱼腩弱旅，在备受煎熬中终于等到了2020年，然而，风云骤变。

2020年1月26日，因为直升机失事，科比猝然离世，整个世界为之悲恸。

库里在第一时间表达了自己的悼念："现在遇到诸多困扰，我们的信仰也受到动摇，但我真心地感谢科比，愿您和GIGI安息。"

2月9日，科比去世之后，湖人首次造访大通中心，赛前，勇士全队特意为科比举行了缅怀仪式。库里也穿上紫金24号球衣，以此致敬科比。

科比的去世似乎预示着2020年的艰难与不易，突如其来的新冠肺炎疫情彻底让世界陷入混乱的困局，NBA也将遭遇史上最严重的一次停摆。

3月6日，库里终于复出了。此时勇士战绩仅为14胜48负，季后赛已然无望。他们在主场迎战上届冠军猛龙，也是淘汰他们的宿敌。

库里出场27分钟，16投6中，三分球12投3中，拿下全队最高的23分，但没能

率领勇士报了去年总决赛的一箭之仇，球队以 113 比 121 不敌没有伦纳德的猛龙。

赛后，库里表示很高兴能重返赛场，并期待着率领勇士打完剩余的赛季，但在一周之后，因为戈贝尔新冠检测阳性，NBA 宣布无限期停摆。

由于勇士战绩惨淡，未能进入 NBA（8 月）的复赛名单，库里在 2020/2021 赛季的比赛也就此定格，最终他只出战 5 场，场均得到 20.8 分、5.2 个篮板、6.6 次助攻。

勇士在 2020/2021 赛季取得 15 胜 50 负（队史 50 年最差）的战绩。所有人都认为属于勇士的时代已经结束，因为阵容混乱无序，出场多达 22 名球员，库里在 3 月的短暂复出只是杯水车薪。汤普森在 2019 年 7 月做完左膝十字韧带修复手术，恢复期长达 7 个月，本赛季只能坐壁上观。没有"水花兄弟"，格林无法施展"发牌"绝技。

新秀普尔虽然获得充足的上场时间，却场均只有 8.8 分进账，进攻效率不高，难堪重任。原本寄予厚望的新援拉塞尔始终难于融入勇士，2020 年 2 月 6 日，刚打了半个赛季就被勇士送到森林狼，换来安德鲁·威金斯和一个 2021 年首轮选秀权。

2020 年 8 月初，当联盟 22 支球队奔赴奥兰多迪士尼园区进行复赛，去角逐总冠军时，过去五年五进总决赛、三夺总冠军的勇士已经开始为下个赛季做准备了。

养精蓄锐

勇士摆烂一个赛季的唯一收获就是换来"榜眼签"。2020 年 10 月，NBA 选秀大会，勇士用此签在首轮第二顺位选中詹姆斯·怀斯曼，一位身体素质极其出色的全明星级潜力中锋，金州人将怀斯曼招致麾下，也算给处在至暗时代的勇士注入一抹亮色。

库里从 2015 到 2019 年，连续五年都率领勇士打进 6 月的总决赛，超长时间高强度的赛程给他造成了极大的身体消耗。库里的私人训练师布兰德·佩恩深有体会："和那些早早进入休赛期的球员们相比，库里每年都少休息了六到八个星期。"

勇士在 2019/2020 赛季的大溃败，让库里意外获得一个超长"休赛期"。赛季初，因为左手掌骨骨折让他远离赛场 5 个月。2020 年 3 月初，库里复出后只打了一场比赛，NBA 就因为新冠疫情肆虐而停摆。彼时勇士战绩排在联盟倒数第一，没有受邀进入复赛，而新赛季直到 12 月份才开始，库里又有近 10 个月的时间来休养身体。

这也意味着，从 2019 年 7 月到 2020 年 12 月，库里在 17 个月里只打了 5 场比赛。

虽然没有比赛可打，但库里一直保持着 NBA 比赛级别的训练强度。2020 年 4 月，库里做客播客节目《The Rex Chapman Show》时透露了休赛期的目标："我希望利用这些休息时间，让自己更强壮，优化自己的比赛动作，让自己变得更加全面。我不允许自己像其他 32 岁的球员一样在球场上步履蹒跚，而是会以更强的姿态归来。"

佩恩也为库里精心增加了新的训练计划：1. 变向、加减速时保持身体平衡性的训练，这是库里每日必备的训练项目。2. 增肌力量训练，以便增加对抗时的稳定性。

勇士在 2021 年休赛期也长袖善舞、精心运筹。他们在选秀大会招来天赋不俗的怀斯曼，还通过一系列交易，将乌布雷和贝兹莫尔网罗阵中，加上汤普森回归，以及格林、威金斯、卢尼的存在，勇士在新赛季的阵容可谓不俗，库里对此也颇为满意。

可惜天不遂人愿，11 月 20 日，汤普森在一次训练中遭遇右脚跟腱撕裂，将休战数月，意味着这位正值当打之年的全明星后卫连续第二个赛季报销。得知这一残酷的消息后，库里痛心不已，来不及伤感，库里在 2020/2021 赛季只能又一次独自带队，留给他的是一支几乎完全陌生的班底。

孤勇者

S T E P H E N   C U R R Y

2020 年 12 月初，库里参加勇士训练营时，观者为之一震：昔日眉清目秀的"小学生"已经化身成"魔鬼筋肉人"。经过了 10 个月的休赛期蛰伏苦练，库里重装上阵，他对于自己在新赛季的"王者归来之路"充满了信心。

2020 年 12 月 23 日，2020/2021 赛季 NBA 的大幕终于徐徐拉开，一个健康的库里终于回来了。由于上个赛季勇士战绩低迷，库里的归来没有引起太多关注。一些媒体甚至将库里排在新赛季球星榜的第八位，预测勇士在新赛季最终排在西部倒数第二，将无缘季后赛。在那些人的眼中，此时的勇士已经是一支彻底重建的球队，他们的阵容和上个赛季相比没有太大的变化，只是多了一个库里而已。

勇士在新赛季开局便遭到当头一棒，接连败给篮网和雄鹿，勇士合计输了 65 分。尤其是杜兰特伤愈之后首次率领篮网造访金州，在大通中心挥舞镰刀收割一场 125 比 99 的大胜之后，现场的勇士球迷在那一刻也不免心生恍惚，"KD 原本属于我们"。

接下来的两个客场，库里发威，连续砍下 36 分和 31 分，率领勇士以 1 分险胜公牛，以 10 分轻取活塞。取得两连胜班师回朝之后，勇士却在家门口被开拓者打了一个 123 比 98 的比分。一场 25 分大溃败，引起一片哀鸿，关于库里"是一名体系球员""独自带队能力不佳"的质疑声甚嚣尘上。

很快，库里就用一场惊世骇俗的个人得分盛宴，让所有质疑者闭嘴。

2021 年 1 月 4 日，勇士惨败给开拓者两天后，两队又开始"背靠背交锋"的第二场。

库里把近来郁积的愤懑通过火热的手感，淋漓释放。他出战 36 分钟，31 投 18 中，三分球 16 投 8 中，罚球 19 投 18 中，狂砍 62 分，还贡献 5 个篮板和 4 次助攻。

库里在临近 33 岁的年纪，砍下个人新高的 62 分，率领勇士以 137 比 122 大胜开拓者，报了两天前的一箭之仇之余，还引发一场舆论的狂欢。

目睹库里的神奇表演，"魔术师"约翰逊直白赞美："他依然是历史最佳射手。"前队友伊戈达拉自豪地说："别再小瞧我的兄弟了！"库里也兴奋地表示："今晚很疯狂！我们有着强烈的求胜欲，要将这种求胜欲保持下去！"经此一战，库里也成为继 37 岁的科比（告别赛 60 分）之后，NBA 历史上年龄第二大的"60+ 先生"。

库里用一场 62 分的比赛扭转风评，给勇士注入一支"强心剂"。但现实依旧严峻，一波胜负参半的赛程过后，勇士依旧在西部中游徘徊。

2021 年 1 月 24 日，虽然勇士在客场以 108 比 127 输给爵士。但库里命中 5 记三分球，常规赛三分球总命中数达到 2562 记，超过雷吉·米勒（2560 记），升至 NBA 三分榜的历史第二位，在他前面只有一位——雷·阿伦。据悉，雷吉·米勒命中 2560 记三分球用了 1074 场比赛，而库里命中 2562 记三分球只用了 715 场。

对于超越自己，雷吉·米勒坦然接受，并祝福库里："你激励了许多小球迷，谢谢你所做的一切，我的朋友，去追赶雷·阿伦吧，我为你感到骄傲。"

虽然临近 33 岁，但库里依然在进化，身体更加强壮，突破更加随心所欲，在最擅长的三分球投射技术上，库里也百尺竿头，更进一步。2 月 7 日，勇士客场同达拉斯独行侠的比赛中，库里的三分球 19 投 11 中，砍下 57 分。2 月 12 日，库里又狂揽 40 分，三分球 19 投 10 中，率领勇士击败魔术。2020/2021 赛季前半段，勇士的状态起伏不定。如果不是库里打出 MVP 级别的表现，勇士在虎狼环伺的西部，早已跌出季后赛的行列。

2021 年 3 月，库里闪耀亚特兰大全明星赛。他先是在三分球大赛首轮拿到破纪录的 31 分，并最终第二次夺得三分球大赛冠军，之后又在全明星正赛中，命中 8 记三分球，并用空接扣篮、半场超远三分球来彰显"星中之星"的地位。

4 月，勇士到了冲击季后赛的关键时刻。新秀中锋怀斯曼因为膝盖半月板受伤而赛季报销，乌布雷也因为手臂受伤而休战，库里持球"放开抡"成为唯一的选择。

于是整个 4 月，全联盟都见识到了一个"放开抡"库里的恐怖得分爆炸力：他用 46.6% 的超高三分命中率，单月飙进 96 记三分球，创下 NBA 新纪录。他单月 5 次袭下 40+，连续 11 场得分 30+ 超越科比，并一路领跑得分榜。

再接再厉，库里率领着勇士在 5 月仅仅输掉一场比赛，最终取得 39 胜 33 负的战绩，

以西部第八进入到附加赛。2020/2021 赛季，库里场均得到 32 分、5.5 个篮板和 5.8 次助攻，斩获生涯第二个得分王，入选本赛季最佳阵容一阵。

2020/2021 赛季，勇士阵中没有汤普森，格林的得分机能严重退化，威金斯只能锦上添花地贡献有限得分，库里成为"孤勇者"，几乎用一己之力将勇士拖进西部前八。

库里用尽全力将勇士拉入附加赛，似乎也用光了最后一丝气运。西部附加赛第一轮，勇士对阵上届冠军湖人，最后时刻，詹姆斯面对库里命中一记超远三分绝杀。

2021 年 5 月 22 日，勇士第二轮迎战灰熊，莫兰特独砍 35 分，并用一次次犀利突破划开勇士的防线，最终灰熊在加时赛以 117 比 112 险胜勇士，以西部第八的身份进入季后赛，而勇士彻底无缘季后赛。两场附加赛，库里分别砍下 37 分、39 分，打光了最后一颗子弹，依然无法率队取得一场胜利，没有有效支援的库里成为一名"孤勇者"。

当灰熊青年军在大通中心疯狂庆祝时，痛失好局的勇士，集体陷入沉默。

须臾之后，"孤勇者"库里留下一句掷地有声的话："明年没有人想碰到我们。"

第十二章
王者归来

斯 蒂 芬 · 库 里 传

历史三分王

STEPHEN CURRY

2020/2021 赛季结束，虽然勇士止步附加赛，无缘季后赛，但库里的伟大表现还是足以令人信服。7 月 11 日，库里当选了 2021 年 ESPY 奖项的最佳 NBA 球员。

2021 年 8 月 4 日，库里与勇士完成一份 4 年 2.15 亿美元续约合同，这是他继 2017 年与勇士签下 5 年 2.01 亿美元的合同之后，又一份超过 2 亿美元的大合同，成为 NBA 历史上唯一一位拿到过两份 2 亿 + 美元合同的球员。

这份合同到期时，库里也 38 岁了，他很可能终老勇士，成为继邓肯、科比、诺维斯基之后，又一位书写"一人一城"忠诚佳话的传奇巨星。

2021/2022 赛季，库里带着复仇的信念，率领勇士强势开拔！

他们首先面对的是在附加赛绝杀自己的湖人。2021 年 10 月 20 日，勇士在揭幕战以 121 比 114 战胜湖人，库里得到 21 分、10 个篮板、10 次助攻的"三双"数据，成为勇士队史第二位在揭幕战砍下三双的球员。接下来库里独砍 45 分，率领勇士击败快船。

连败"洛杉矶双雄"，库里又入选了 NBA75 大球星名单。此后他率领勇士大胜国王，一战创造两座"里程碑"：连续 128 场命中三分球，超越科沃尔排在"NBA 连中三分球场次榜"的第二位；生涯助攻总数达到 5000 次，成为勇士首位"五千次助攻"先生。

11 月 9 日，勇士以 127 比 113 战胜老鹰，库里轰下 50 分，并送出 10 次助攻，生涯第 10 次单场得分 50+。11 月 13 日，库里又独砍 40 分，命中 9 记三分球，率领勇士以 119 比 93 战胜公牛，豪取 7 连胜。

截至 11 月结束，库里率领勇士打出了 18 胜 2 负的梦幻开局，在联盟战绩榜上一骑绝尘。前 20 场比赛，库里场均得到 28.6 分、5.8 个篮板、6.8 次助攻，另有 1.8 次抢断，三分球命中率高达 42.7%。这为 33 岁的"萌神"成为联盟中最生猛的巨星。

库里在新赛季一路开挂，逐渐迎来第一个高峰。

12 月 14 日，勇士在客场以 102 比 100 逆转险胜步行者，库里命中 5 记三分球，距雷·阿伦保持的（2973 记）NBA 三分球总命中数纪录仅差 1 球。这场比赛库里在三分线外出手 15 次，可以看出他对于触及这一纪录的无限渴望。

2021 年 12 月 15 日，勇士奔赴纽约挑战尼克斯，麦迪逊花园球馆这个篮球圣地又一

次迎来"里程碑"时刻。为了见证库里超越雷·阿伦加冕历史三分王的伟大瞬间，麦迪逊花园球馆在票价飙升4倍（均价1334美元）之后依然座无虚席，其中不乏名流与大腕，雄霸NBA三分榜前三的另两位"大神"雷吉·米勒与雷·阿伦也亲临现场。

雷吉·米勒担任现场解说嘉宾，而雷·阿伦也很开心能亲眼见证库里超越自己。毕竟，纪录就是用来打破的，后浪推前浪，才是NBA发展的亘古之道。

面临里程时刻，库里手感火热，比赛仅过1分钟，他就在弧顶命中第1记三分球。追平雷·阿伦的三分球纪录之后，库里兴奋地送出飞吻。

比赛第4分27秒，库里接威金斯的传球，在三分线右侧出手命中。凭借这粒进球，库里职业生涯常规赛三分球命中总数达到2974记，超越雷·阿伦的2973记，成为NBA历史三分王，库里还是NBA史上常规赛加季后赛三分球总命中数最多的球员，凭借两大榜首纪录，库里毫无疑问的成为NBA三分线外的历史第一人。

打破纪录之后，尼克斯主场球迷纷纷倒戈，麦迪逊花园一片欢腾。比赛进入暂停，雷·阿伦在第一时间拥抱库里，勇士队友也纷纷与其击掌祝贺。完成这一历史性超越，库里也情难自已，将头埋进球衣，顷刻间潜然泪下！

最终，库里19投8中，命中5记三分球，砍下22分，并贡献3个篮板、3次助攻，率领勇士以105比96击败尼克斯，为这个"里程之夜"画上完美的句号。

雷·阿伦命中2973记三分球用了1300场比赛，库里完成超越（命中2974记）仅用789场，这次超越看似水到渠成，其实一路走来有多少跌宕与艰辛，只有库里最清楚。

赛后，雷吉·米勒、雷·阿伦与库里三代三分王同框留念，库里手拿2974号特制球衣站在C位，这个伟大时刻以此方式定格在NBA历史的长河中。

星途浩荡

STEPHEN CURRY

库里超越雷·阿伦，加冕 NBA 历史三分王，他的三分球前路将是星辰大海。

战胜尼克斯之后，库里的三分命中总数达到 2977 记，而且正值巅峰。以他在本赛季场均投中 5 记三分球计算，等到他退役时，他的常规赛三分球命中总数有望达到 4000+，甚至达到 4500 记，这将是一项 NBA 注定无法打破的永恒纪录。

2021 年 12 月 26 日，"圣诞大战"对阵太阳，由于伤病和触发健康安全协议，勇士仅能派出 8 名球员出战，库里得到 33 分、6 次助攻和 3 次抢断，带着残阵拿下比赛。

2022 年 1 月 10 日，勇士坐镇大通中心球馆击败骑士，汤普森时隔 941 天终于复出，虽然久疏战阵，但表现依旧全面。最终，汤普森登场 20 分钟砍下 17 分，并突破了自己命中 1800 记三分球的里程碑。遥想 2019 年 6 月 14 日，总决赛第六战，汤普森意外受伤导致十字韧带撕裂。2020 年 11 月 20 日，亟待复出的汤普森又在训练时撕裂跟腱。这位 NBA 顶级 3D 射手，在自己的巅峰期整整缺席了两个半赛季，令人无限唏嘘与惋惜。

虽然伤病残酷，但命运还是给汤普森保留了一丝温柔，他终于可以再为勇士披挂上阵。

汤普森回到久违的 NBA 球场，最高兴的便是库里。"水花兄弟"率领勇士再次掀起狂潮，一时间让无数球迷陷入青春的回忆。巅峰时汤普森是传统型射手的"天花板"：教科书般精准走位，机器般稳定出手。一旦找到手感，他甚至展现出超过库里和杜兰特的得分爆炸力，曾创造单节独砍 37 分、单场命中 14 记三分球的无双壮举。可惜复出后的汤普森状态起伏不定，一时间无法找回巅峰时的自己。库里也陷入手感低迷的危局，他在 1 月份的三分球命中率不足三成，创下职业生涯新低。

1 月 22 日，勇士坐镇大通中心"背靠背"迎战火箭，库里手感依旧冰凉，但在最后 5 秒钟双方战至 103 平，库里顶着波特的防守，后撤步命中长两分，勇士以 105 比 103 险胜火箭。库里完成生涯首次压哨绝杀之后，率领勇士打出一波 9 连胜。

2022 年 2 月 21 日，全明星正赛在克利夫兰打响。此届全明星周末可谓星光熠熠，NBA 在 75 周年评选出的 75 大球星，大部分都齐聚于此。此届盛会最引人瞩目的还是正赛的对决，因为大家都想知道回到家乡的库里与詹姆斯联手，将会创造何种神奇。

这场全明星正赛，库里还是打破了所有球迷期待的上限。他全场狂砍 50 分，命中

16 记三分球，将全明星三分纪录（保罗·乔治 9 记三分）球大幅提升。库里用一波"三分雨"为詹姆斯队奠定胜势，但杜兰特队异常顽强，最后时刻将比分追成 160 比 161。

最后一攻，詹姆斯翻身跳投命中，确保自己的球队以 163 比 160 击败杜兰特队。

这是属于"阿克伦组合"库里与詹姆斯的胜利，多年以前相继出生于阿克伦城市医院的两位男孩，多年以后联手绽放在家乡克利夫兰的全明星盛宴之上。他们在家乡父老面前联手呈现了一场梦幻般盛宴，库里三分化雨，詹姆斯一剑封喉。

最终，库里凭借独得 50 分与 16 记三分球的壮举，首次荣膺全明星 MVP。赛后，"萌神"高高举起科比·布莱恩特杯，谈笑间又书写下一项小球时代的新神迹。

2022 年 3 月 15 日（美国时间 3 月 14 日），时逢库里 34 周岁生日。库里在"庆生战"中 25 投 16 中，三分球 14 投 7 中，轰下 47 分，率领勇士在大通中心 126 比 112 大胜奇才。除了一场大胜，库里还收获了另外一个珍贵的生日礼物，那就是"水花追梦"再聚。

此战格林伤愈归队，从 2019 年 6 月 14 日汤普森伤退到 2022 年 3 月 14 日"追梦"格林回归，勇士巅峰三人组"水花追梦"时隔 1005 天再次联袂出场。（2022 年 1 月 10 日汤普森复出，格林仅象征性出战 7 秒，因此不在有效统计之内。）

再登西部之巅

STEPHEN CURRY

　　格林归来，昔日 73 胜勇士的核心班底又全部聚齐，金州有了冲击总冠军的资本，然而两日之后库里受伤了。3 月 17 日，勇士负于凯尔特人，斯马特在一次扑抢皮球时，压到库里的左脚踝，导致后者左脚踝韧带扭伤，将缺席常规赛余下的比赛。

　　库里受伤后的前 7 场，勇士仅获 1 胜，排名跌出西部前三。危难之际，乔丹·普尔顶替受伤的库里出任首发，连续打出了得分 20+ 的高光表现，帮助勇士守住了西部前三的位置。最终勇士在 2021/2022 赛季取得 53 胜，排名西部第三，并拿到对阵东部球队的主场优势。库里在这个赛季出战 64 场，场均贡献 25.5 分、5.2 个篮板、6.3 次助攻，表现可圈可点，率领勇士时隔 1038 天重返季后赛，这一刻金州球迷已经等得太久。

　　2022 年 4 月 17 日，季后赛首轮第一场，勇士坐镇大通中心迎战掘金。时隔一个月，库里终于迎来复出。为了谨慎起见，伤愈归来的库里被科尔教练放到替补席上。在 NBA 中超级巨星打替补非常罕见，但库里是一名相当无私的巨星，作为当家球星的他竟然可以坦然接受球队的各种战术安排，这种无私也是造就勇士成功的关键原因之一。

　　此战勇士气势如虹，最终以 123 比 107 战胜掘金，赢下季后赛第一场的胜利。作为替补，库里牛刀小试，在复出的首战轻取 16 分。

　　季后赛第二场，库里依旧出任替补，但摆脱伤病困扰的他交出一份比首发更为闪亮的成绩单：17 投 12 中，三分 10 投 5 中，以超过 70% 的高命中率砍下 34 分，并成为勇士队史唯一一位季后赛三千分先生。凭借库里神勇发挥，勇士以 126 比 106 再胜掘金，大通中心季后赛的前两战全胜！主帅科尔坦言："库里是季后赛历史上最强第六人。"

　　勇士除了库里之外，普尔也得到 29 分和 8 次助攻，汤普森砍下 21 分，"水花普洱"三人分别得分 20+，勇士又一次出现云蒸霞蔚、澎湃如潮的立体进攻。

　　科尔这招"田忌赛马"收到奇效。首轮系列赛，顶替库里首发的普尔场均砍下 21 分，三分命中率高达 48%，连库里都不免打趣道："普尔绝对有资格让我给他打替补。"

　　掘金拥有新科常规赛 MVP 约基奇，在身高、内线对抗上占据优势，他们在第四战扳回一场。4 月 28 日，第五场，科尔祭出了全新版的"死亡五小"，利用库里、汤普森、普尔、格林、维金斯的机动与精准来压制对手。

　　王者归位，库里在此战重回首发之后立即展现出强大的统治力，砍下 30 分，贡献 5 个篮板、5 次助攻，并在最后时刻上篮命中后，做出睡觉庆祝动作，送对手"晚安"。

　　勇士最终以 102 比 98 险胜掘金，赢下第五场，并以 4 比 1 的大比分轻松淘汰对手，率先挺进西部半决赛，养精蓄锐，静候森林狼与灰熊的胜者。

　　纵然约基奇在第五场狂揽 30 分、19 个篮板、8 次助攻，依然无法率领缺兵少将的掘金再扳一城，这位常规赛 MVP 的能力毋庸置疑，怎奈库里率领的勇士太过强大。

　　库里在季后赛首轮场均贡献 28 分、5.4 次助攻，即使担任四场替补角色，依然充分展现出勇士核心的风采，这就是库里绝对能力的体现。

　　2022 年 5 月 2 日，西部半决赛第一场，勇士奔赴客场对阵灰熊，这是复仇之战！

　　一年前附加赛勇士被莫兰特领衔的灰熊淘汰，库里的那句"明年没人想碰到我们"的誓言犹在耳边，兑现誓言的时机就来到了。

　　第一场比赛开始，灰熊占据上风，上半场领先勇士 6 分，"追梦"格林遭到驱逐，库里在第三节率队抹平分差。末节勇士一度领先 10 分，却被灰熊顽强赶上。危机时刻，又是"水花兄弟"挺身而出，一攻一防，汤普森命中致命三分球，库里送上关键封盖，让莫兰特失去了绝杀的机会，勇士在客场以 117 比 116 险胜灰熊。

　　库里拿下 24 分、3 个篮板、4 次助攻，率领勇士拿到宝贵的客场胜利。

　　灰熊能在常规赛季力压勇士位居西部第二，充分证明莫兰特领衔的这支孟菲斯青年军实力强劲。5 月 4 日，西部半决赛第二场，莫兰特轰下季后赛个人新高的 47 分，率领灰熊以 106 比 101 击败勇士，让库里的 27 分、9 个篮板、8 次助攻"准三双"化为泡影。

　　回到大通中心，勇士在第三场以 142 比 112 大胜灰熊，莫兰特在第四节膝盖受伤被迫退场。一场大败加上主将受伤，让孟菲斯人雪上加霜。

　　5 月 10 日，西部半决赛第四场，没有莫兰特的灰熊放手一搏，反而一路领先勇士。关键时刻，还是库里，他在第四节独得 18 分，率领勇士完成逆转，在主场以 101 比 98 击败没有莫兰特的灰熊。经此一战，库里达成季后赛总命中 500 记三分球的里程碑。

　　灰熊在常规赛练就了没有莫兰特应该怎样战斗！回到孟菲斯联邦快递球馆他们又变得凶猛无比。勇士在客场遭遇一场 39 分的大败，95 比 134 的比分让库里永生难忘。

　　知耻而后勇！库里率领勇士在第六场以 110 比 96 战胜灰熊，他拿下 29 分、7 个篮板、5 次助攻，汤普森也如约变身"G6 汤"，轰下 30 分，维金斯贡献 18 分、10 个篮板，格林豪取 14 分、16 个篮板、8 次助攻，一场典型的勇士式胜利之后，金州人以 4 比 2 的总比分淘汰灰熊，晋级西部决赛。

　　库里在末节率队轰出一波 21 比 3 的攻击波，命中一记压哨三分球之后，他再次做出睡觉的庆祝动作，送灰熊"晚安"。虽然赛后库里解释睡觉动作没有特殊含义，只代表一名父亲急切回家的心情，但在这个季后赛，这个动作成了勇士所有对手的梦魇。

勇士在西部决赛等来的对手不是联盟战绩第一的太阳，而是"黑马"独行侠。

"持球大核心"东契奇率领独行侠在西部半决赛"抢七"击败保罗与布克"双核驱动"的夺冠大热门太阳，令所有专家都大跌眼镜。

勇士在西部决赛已磨合纯熟、势不可当，无论对手是传统豪强还是新锐"黑马"，都无所畏惧。西决五场战罢，勇士以 4 比 1 轻松淘汰独行侠。

西决五场比赛，库里在个人进攻、串联全队等方面，都表现上佳，场均贡献 23.8 分、6.6 个篮板、7.4 次助攻，并捧起"魔术师"约翰逊杯，成为 NBA 史上首位西决 MVP。

库里捧杯水到渠成，西部决赛前三战他场均拿下 28 分、8.3 个篮板、6.7 次助攻，三分球命中率高达 48.1%，一举击溃独行侠的心理防线，为勇士奠定胜势。

五场西部决赛，第三场尤为精彩，勇士在客场 109 比 100 击败独行侠，以 3 比 0 拿到赛点。库里砍下 31 分、11 次助攻。威金斯不仅砍下季后赛新高的 27 分，还面对东契奇上演技惊四座的震撼隔扣。而东契奇虽然豪取 40 分，依然成为"空砍侠"。

经过 2022 年西部决赛的洗礼，库里再度升格，他率领勇士在近 8 年 6 进西部决赛，6 次全胜，胜率 100%，胜率超过科比的 7 胜 1 负，成为名副其实的"西决之王"。

2022 年 5 月 23 日，当勇士在西部决赛第五战击败独行侠，时隔 3 年再进总决赛时，所有球迷都不免泪眼婆娑：三年时光，世界巨变，新冠肆虐，科比离世，我们似乎再也回不到阳光明媚的从前。但当我们看到那支勇士又来到总决赛，一切又似乎都没有改变。

还是"水花追梦"领衔的那支勇士，他们在 8 年间 6 进总决赛，我们已经习惯在每年的六月守候在屏幕前，看"骑勇争冠"，这就是一代人的青春！

库里捧起西决 MVP 杯，他还需捧起分量更重的那一座，总决赛见！

四冠功成

STEPHEN CURRY

2022年6月3日，总决赛第一战在旧金山的大通中心球馆打响，勇士对阵凯尔特人。后者在首轮横扫杜兰特、欧文领衔的篮网，次轮"抢七"淘汰"字母哥"挂帅的上届冠军雄鹿，东部决赛再次"抢七"，让巴特勒的热火燃烧殆尽。

凯尔特人杀入总决赛，依靠的是攻守兼备，以最佳防守球员斯马特领衔的防守线坚如磐石，以"双弹花"塔图姆与布朗领衔的进攻群火力充沛。

总决赛首战一波三折，库里率先发威，首节命中6记三分球，得到总决赛个人单节新高的21分，为球队奠定胜势，三节战罢，勇士领先12分。

当所有人都认为勇士即将收获总决赛的首场胜利时，风云突变。

勇士在第四节莫名哑火，凯尔特人霍福德、斯马特等球员接连飙中三分球，最终"绿衫军"面对勇士打出40比16的单节比分，创总决赛历史末节最大分差，库里砍下全场最高的34分，命中7记三分球，仍然无法阻止勇士以108比120负于凯尔特人。

纵观全场，凯尔特人更是在勇士面前命中21记三分球，以彼之道还施彼身！

经此一败，勇士失去主场优势。总决赛第二战，勇士强势反弹，以107比88战胜凯尔特人。库里三节便砍下29分，并贡献6个篮板、4次助攻、3次抢断。

第三场转战波士顿，在TD北岸花园球馆，凯尔特人展现出"17冠王朝"血脉中的铁血与强悍。勇士在第四节再度哑火，只得11分，以100比116负于凯尔特人。库里拿下31分，再度"空砍"。凯尔特人火力全开，塔图姆、布朗和斯马成为自1984年以来首个在总决赛单场都拿下至少20分、5个篮板、5次助攻的三人组。

勇士总比分以1比2落后，祸不单行，库里在比赛中被霍福德压到左脚踝。

2022年6月11日，总决赛第四战，勇士背水一战，如果再输，大比分将变成1比3。在总决赛历史上，只有2016年发生过1比3的翻盘，被逆转的恰是勇士自己。

强忍脚踝伤痛，库里在第四战披挂上阵，并很快进入状态，用得分抑制对手的反扑。易边再战，库里在第三节单节砍下14分。末节决战，凯尔特人领先5分，又是库里在关键时刻里突外投，独得10分，率领勇士扭转战局，最终以107比97逆转击败凯尔特人，将总比分扳成2比2平，总决赛进入"天王山之战"。

　　本场比赛，库里打出总决赛的最强表现：26 投 14 中，命中 7 记三分球，砍下生涯总决赛第二高的 43 分，并贡献 10 个篮板、4 次助攻。科尔赛后感叹："斯蒂芬打出伟大的比赛，是他率领我们反败为胜，经过关键的此战，我们有信心赢得总决赛。"

　　凯尔特人在第五场由"无限换防"改为全场包夹库里，库里见招拆招，送出 8 次助攻，盘活全队，勇士顺利攻下"天王山"，距离总冠军金杯只差一场胜利。

　　2022 年 6 月 17 日，总决赛第六场，凯尔特人坐镇主场一度领先 12 分。勇士稳住阵脚后，打出总决赛史上最大（21 比 0）的一波流。比赛还剩 3.2 秒时，勇士胜局已定，库里坐在北岸花园球馆的地板上热泪盈眶。三年前，也是总决赛第六场，库里目睹了汤普森受伤离场，勇士王朝轰然倒塌。而如今，库里率领两年无缘季后赛的勇士再度绽放在总决赛舞台之上。

　　总决赛第六战，库里最终砍下 34 分，率领勇士以 103 比 90 击败凯尔特人，以总比分 4 比 2 淘汰对手，时隔四年再夺总冠军。

　　库里在此届总决赛场均贡献 31.2 分、5.8 个篮板、5 次助攻、1.8 次抢断的全面数据，真实命中率达到恐怖的 63%。并以 44% 的命中率，投中 31 记三分球，场均命中 5.2 记。而这一切还是面对联盟最佳防守球员

斯马特和防守强队凯尔特人时取得的。

　　面对如此强劲的表现，即使再挑剔的评委，也心甘情愿地将票投给库里。

　　最终，库里全票当选总决赛 MVP。拿到这个至尊奖项之后，库里也实现个人荣誉的大满贯。人近中年，伙伴老去，但库里率领老去的勇士依然完成了夺冠的壮举。

　　冠军到手，库里百感交集："我为这支勇士感到无比自豪，赛季开始前没有人相信我们能最终站在这里，除了我们自己。"从王朝崩塌到东山再起，库里率领勇士走过了一段布满荆棘的复兴之路。

　　因为拥有库里，执教履历尚浅的科尔已成为 NBA 最成功的主帅之一，他能在勇士输掉总决赛首场之后依然谈笑自如，因为他相信"只要跟库里一起，就有好事情发生"。

　　因为拥有库里，汤普森、普尔、威金斯们才能火力全开。因为"库有引力"的加持，勇士才能打出山呼海啸般的进攻。而且更令人惊诧的是，34 岁的库里依然在进化！

　　八年四冠，王朝重塑，库里率领勇士依旧延续着属于自己的时代。

　　库里以一手惊艳的三分神射起笔，以常人之躯在巨汉林立的 NBA 纵横捭阖，描绘出一个气象万千的新画卷。他率领勇士八年四夺总冠军，建立起巍峨连绵的金州王朝。

　　不尽狂澜走沧海，一拳天与压潮头！

　　能遇到这样的库里，是我们的一种幸运。